Peter Himmelhuber

Selbst Kübel, Kästen und Pflanzgefäße bauen

Compact Verlag

Alle Anleitungen wurden sorgfältig
erprobt – eine Haftung kann
dennoch nicht übernommen werden.
Chefredaktion: Ilse Hell
Redaktion: Daniela Hollrotter, Sabine Hoogen
Umschlaggestaltung: Ingeborg Cisse
Die Titelbilder und sämtliche Fotos stammen
vom Autor.
Produktion: Wolfram Friedrich
Druck: Color-Offset, München
ISBN 3-8174-2186-9
2221861

Besuchen Sie uns im Internet:
www.compactverlag.de

Ein Wort zuvor

Selbermachen – ein Hobby, das heute für Millionen zur sinnvollen Freizeitbeschäftigung geworden ist. Ob es sich nun um die Gartengestaltung oder um die eigenen vier Wände handelt, mit etwas Geschick und einer fachmännischen Anleitung lassen sich oft verblüffende Ergebnisse erzielen: bei kleineren Reparaturen, beim Renovieren und Verschönern und beim Um- und Ausbauen.
Und Selbermachen bringt Spaß. Freude an der eigenen Arbeit, deren Ergebnis man Tag für Tag sehen und »bewundern« kann; es spart Geld, mit dem sich lang gehegte Wünsche erfüllen lassen, und es macht unabhängig von Handwerkern, auf die man womöglich wochenlang und schließlich vergeblich gewartet hat.

Fachgeschäfte, Heimwerker- und Baumärkte versorgen den Hobby-Handwerker mit allen Werkzeugen und Materialien, die er braucht. Doch richtiges Werkzeug und Begeisterung allein reichen nicht aus. Unerlässlich sind eine gründliche Vorbereitung und Fachkenntnisse, wie eine Arbeit durchzuführen und was dabei zu beachten ist.

COMPACT PRAXIS **Selbst Kübel, Kästen und Pflanzgefäße bauen** zeigt, wie man's macht. Mit wertvollen Tipps und Tricks, die sich in der Praxis tausendfach bewährt haben. Jeder Arbeitsgang wird ausführlich Schritt für Schritt gezeigt und in Bild und Text erläutert. Übersichtliche Symbole zeigen auf einen Blick, mit welchem Schwierigkeitsgrad, welchem Kraft- und Zeitaufwand Sie bei jedem Arbeitsgang rechnen müssen, welche Werkzeuge Sie brauchen und wie viel Geld Sie durch Ihre eigene Arbeit einsparen können.

Werkzeug

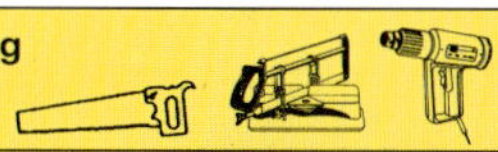

Schwierigkeitsgrad

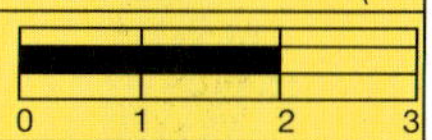

Kraftaufwand

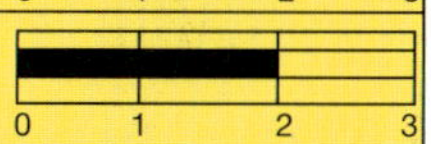

Zeitbedarf (z. B. 4 Std./m²)

Ersparnis (z. B. 25 €/m²)

Und so stufen Sie Ihre Fähigkeiten richtig ein:

Schwierigkeitsgrad 1 – Arbeiten, die auch der Ungeübte ausführen kann. Es ist nur geringes handwerkliches Geschick erforderlich.

Schwierigkeitsgrad 2 – Arbeiten, die einige Übung im Umgang mit Werkzeug und Material erfordern. Es ist handwerklich durchschnittliches Geschick notwendig.

Schwierigkeitsgrad 3 – Arbeiten, die fachmännische Übung erfordern. Überdurchschnittliches Geschick ist erforderlich.

Kraftaufwand 1 – Leichte, einfache Arbeiten, die jeder bequem erledigen kann.

Kraftaufwand 2 – Arbeiten, die eine gewisse körperliche Kraft voraussetzen.

Kraftaufwand 3 – Arbeiten für kräftige Heimwerker, die keine »Knochenarbeit« scheuen.

Auf einen Blick

Fachkunde

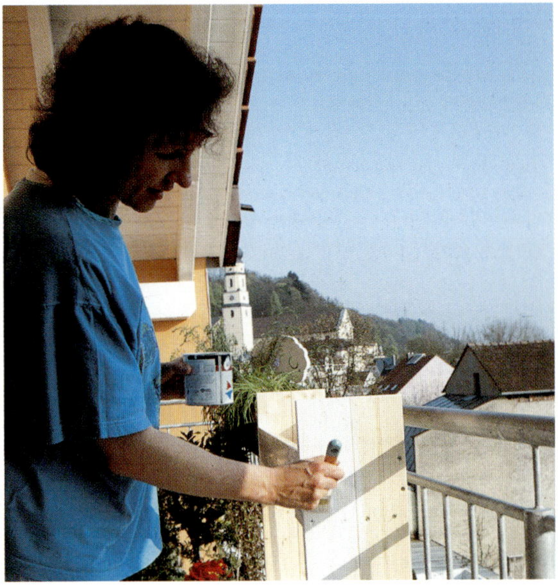

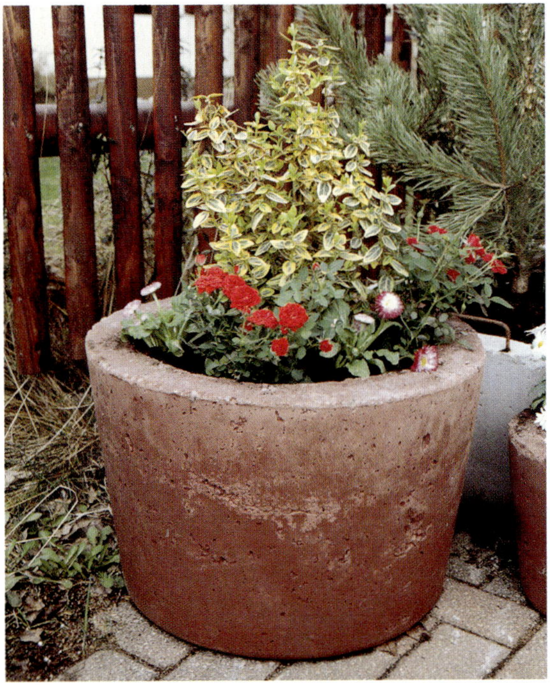

Materialkunde

Werkzeugkunde

Grundkurse

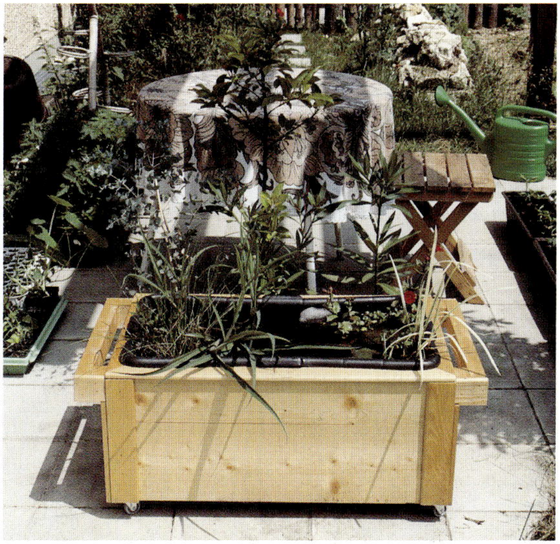

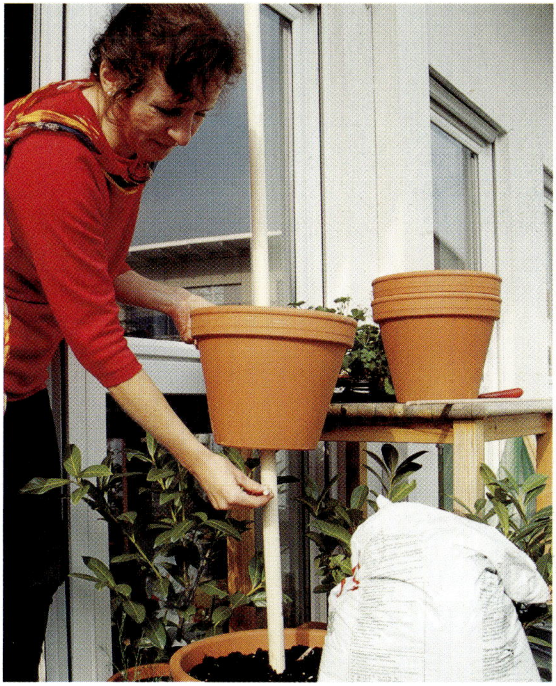

Arbeitsanleitungen

Geeignete Materialien für den Eigenbau

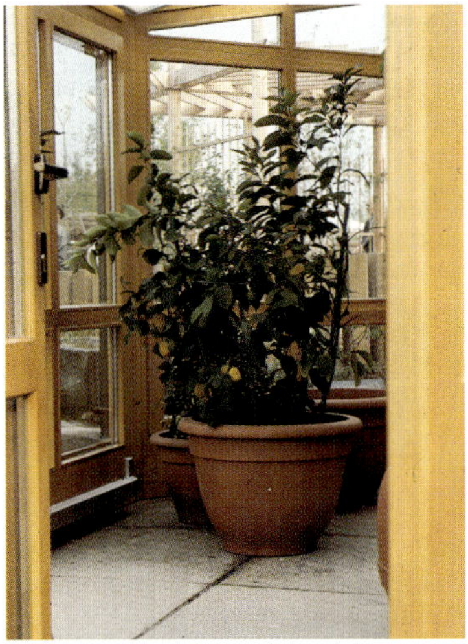

Zitrusbäumchen im Wintergarten

Pflanzgefäße gibt es schon, seit Pflanzen kultiviert werden. So haben bereits die Römer Rosen, Kräuter und Obstgehölze in **Terrakottakübeln** gezogen.

Nördlich der Alpen kamen Kübelpflanzen vor allem in Schlössern und Herrenhäusern in Mode. Denn die Kultur in Töpfen und Kästen ermöglichte die Umstellung vom Freiland in geschützte Quartiere.

So ließen sich Zitrusbäumchen, Feigen oder Palmen in den Gartenanlagen platzieren. Im Winter fanden die exotischen Gewächse dann in großen Orangerien einen frostfreien Aufenthaltsort.

Die Kultur von Kübelpflanzen ist mittlerweile nicht nur den Adelshäusern vorbehalten, vielmehr erfreuen sich viele Pflanzenfreunde an einer Fülle von Gehölzen, Stauden und Sommerblumen aus fremden Ländern. Helle, frostfreie Glasanbauten am Haus machen die Überwinterung möglich.

Die Kübel und Kästen, in denen Oleander, Feigenbäumchen oder Zitruspflanzen kultiviert werden,

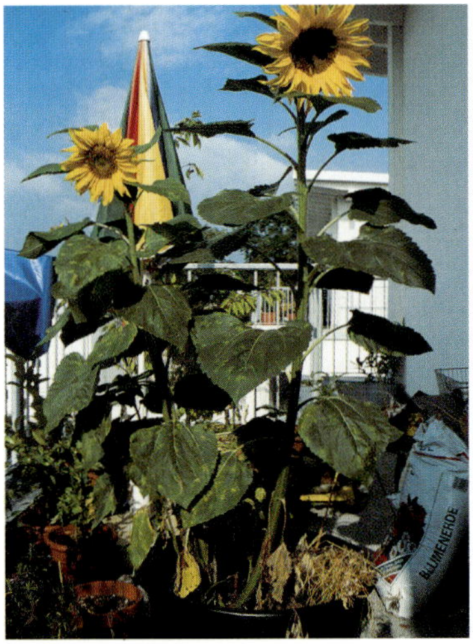

Kunststoffkübel mit Sonnenblume

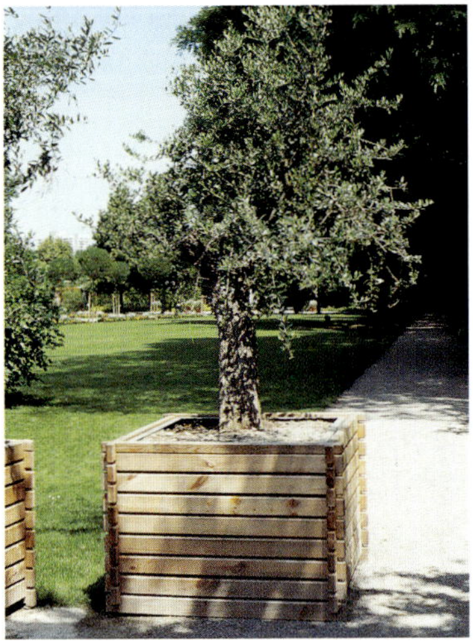

Olea europaea im Holzkasten

müssen vor allem stabil, wetterfest und transportabel sein. Bewährt haben sich Töpfe aus **Ton**, die naturbelassen oder glasiert sind, sowie Tröge aus Holz, vorzugsweise aus verrottungsfestem Eichenholz.

Hinzu kommen **Kunststoffbehälter**, die ideale Eigenschaften als Pflanzgefäße haben. Sie sind allerdings weniger ansehnlich als Tontöpfe oder Holztröge.

Ebenso wie fertige Produkte aus dem Handel müssen selbst gemachte Pflanzgefäße aus geeigneten Baustoffen bestehen, die stabil, verrottungsfest, transportabel und pflanzenverträglich sind.

Für Pflanzgefäße, die ganzjährig im Freien stehen, ist zudem eine ausreichende Wetter- und Frostbeständigkeit erforderlich.

Weiterhin sollten die Baustoffe möglichst preisgünstig zu beschaffen sein und sich mit gebräuchlichen Werkzeugen bearbeiten lassen. Dementsprechend kommt vorzugsweise **Holz** zum Einsatz. Bretter, Balken oder Kanthölzer gibt es in vielen Längen und Stärken im Handel. Neben preiswerten Fichten- oder Kiefernhölzern sind auch edle Hölzer, etwa aus besonders haltbarer Robinie oder schön gemasertem Kirschbaum, erhältlich.

Der Zusammenbau einfacher Holzkästen ist ohne besondere Fertigkeiten im Prinzip allen Pflanzenfreunden möglich. Geübte Heimwerker bringen auch aufwendigere Konstruktionen zustande. Gleichermaßen lassen sich fertige Formteile von der Industrie relativ einfach zu brauchbaren Pflanzgefäßen umfunktionieren. Das gilt etwa für Tonrohre, die mittels Holzboden oder Untersetzer zu großen Kübeln umgestaltet werden, oder für Mörtelwannen, die per Bohrmaschine Wasserabzugslöcher erhalten. Falls erwünscht, können diese schwarzen Kunststoffbehälter mit wenigen Handgriffen eine Verkleidung aus Sackleinen oder aus Schilfrohrmatten bekommen.

Dagegen bleibt das Anfertigen großer Terrakottakübel ausgebildeten Töpfern vorbehalten, zumal diese eine Drehscheibe und den nötigen Brennofen besitzen.

Profitipp

Gelegentlich bieten Keramikwerkstätten oder Volkshochschulen Töpferkurse an. Dort werden verschiedene Techniken gezeigt, die zur Anfertigung großer Behälter dienen (z. B. Plattentechnik). Wer exklusive Tonkübel aus eigener Herstellung preisgünstig bekommen möchte, sollte an solchen Kursen teilnehmen. Im Preis sind die Kosten für den Töpferton und das Brennen meistens eingeschlossen.

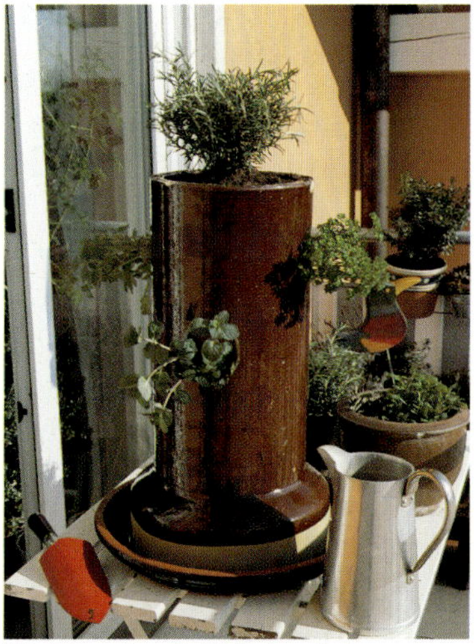

Ein Tonrohr als Kräutersäule

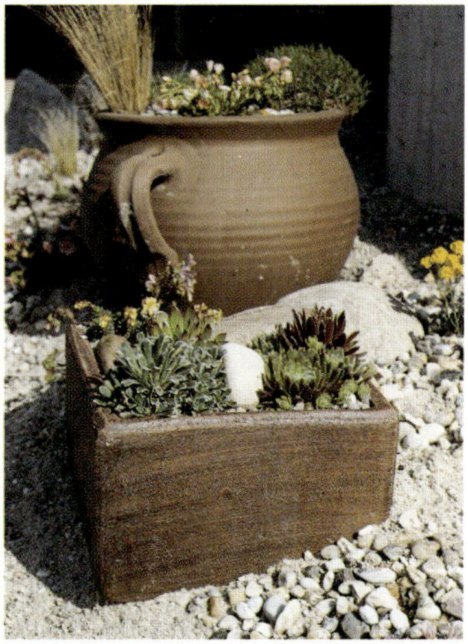

Selbst getöpferte Gefäße mit Glasur

Pflanzgefäße aus dem Handel

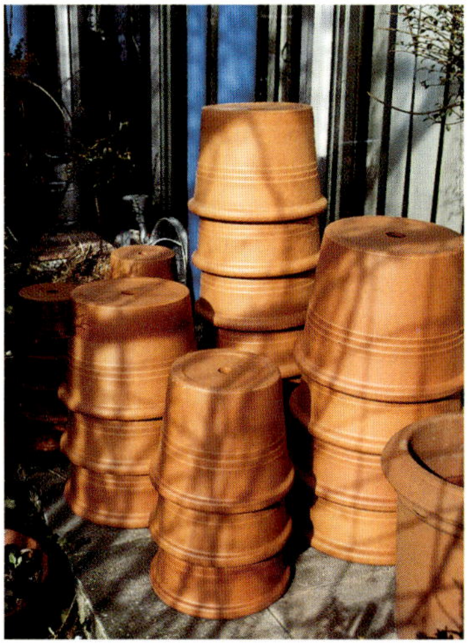

Sortiment von Tontöpfen

Beim Rundgang durch ein Gartencenter oder eine Gartenabteilung im Baumarkt fällt der Blick auf eine Fülle an Pflanzgefäßen. Neben Tontöpfen in vielen Formen und Größen gibt es Kunststoffkübel und -kästen sowie Holztröge und Metallbehälter. Das Sortiment bietet allen möglichen Pflanzen für drinnen und draußen passende Behältnisse.

Neben herkömmlichen Pflanzgefäßen gibt es auch Sonderanfertigungen, die beispielsweise mit **Bewässerungssystemen** ausgerüstet sind oder für spezielle Kulturen geschaffen wurden (z. B. Hydrokulturgefäße).

Weiterhin stehen Behältnisse zur Verfügung, die zwar für eine andere Nutzung vorgesehen sind, sich aber ebenfalls zur Bepflanzung eignen. Das können etwa **Mörtelwannen** oder **Baueimer** sein. Daneben lassen sich auch ausgediente Gefäße zur Begrünung nutzen – etwa gebrauchte Lebensmittelbehälter (z. B. Blechdosen als Übertöpfe oder Sahnebecher als Anzuchtgefäße).

Gefäße für den Balkon

Für die Balkonbegrünung eignen sich handelsübliche Kästen aus Ton, Eternit, Holz oder Kunststoff. **Tonkästen** sind natürlich und schön, aber leider schwer und zerbrechlich. Ton ist außerdem porös, sodass die Kästen Wasser aus dem Substrat saugen, wenn sie trocken sind.

Eternitkästen sind ebenfalls ziemlich schwer. Allerdings saugen sie kein Wasser. Zudem ist das Material völlig verrottungsfest und frosthart. Selbstverständlich sind nur neue, asbestfreie Produkte zu empfehlen.

Holzkästen aus heimischen Hölzern sind stabil und ökologisch unbedenklich, wenn sie nicht mit giftigen Imprägniermitteln behandelt wurden. Unbehandelte Holzkästen verrotten jedoch und müssen nach einigen Jahren ersetzt werden.

Kunststoffkästen sind sehr leicht, robust und beständig. Das macht sie besonders für die Balkongestaltung wertvoll, zumal es durchaus auch ansehnliche Produkte gibt.

Weniger schöne Kunststoffkästen und Kübel können z. B. mit Strohmatten verkleidet oder in Jutegewebe eingepackt werden. Mittlerweile gibt es auch Kästen aus Recycling-Kunststoff.

Handelsübliche Kästen aller Arten werden in verschiedenen Längen angeboten (60, 80 oder 100 cm). Je größer die Kästen sind, umso mehr Gewicht haben sie natürlich auch, besonders nach dem Füllen mit feuchter Erde. Für die Balkonbegrünung eignen sich nur Kästen, die nicht zu schwer und noch transportabel sind. Immerhin müssen sie eventuell mehrere Stockwerke hoch getragen werden und mit ihnen auch die nötige Erde!

Pflanzgefäße nach Maß

Obwohl das Angebot an Pflanzgefäßen keine Wünsche offen lässt, haben auch eigene Anfertigungen ihren Nutzen. So können beispielsweise Balkonkästen in Serie nach eigenen Maßen gebaut werden. Ebenso lohnt sich die Konstruktion geräumiger Tröge für große Pflanzen, für die es keine Industrieprodukte zu kaufen gibt. Weiterhin lassen sich in Eigenregie **Pflanzenmöbel** schaffen, die nicht im Handel erhältlich sind.

Ökotipp

Den Pflanzen ist es nicht wichtig, aus welchem Material ihr Gefäß besteht. Sie kommen sowohl in Kunststoffkübeln als auch in edlen Keramik- oder Holzbehältern zurecht. Allerdings sollten die Materialien, die zur Anfertigung verwendet werden, keine Giftstoffe enthalten. Besonders wenn Kräuter, Gemüse oder Obstgehölze in den selbst gebauten Gefäßen gedeihen, ist beispielsweise auf eine Imprägnierung mit giftigen Holzschutzmitteln zu verzichten. Das gilt ebenso für Behälter, die für Wasserpflanzen gebaut werden.

Mit etwas handwerklichem Geschick und wenigen Baustoffen entstehen beispielsweise Stellagen für Sommerblumen, Raumteiler am Balkon oder fahrbare Untersetzer für Kübelpflanzen.

Dabei ist es möglich, einfache Industrieprodukte, die preiswert in Serie hergestellt werden, für eigene Projekte zu nutzen. Das können beispielsweise Tontöpfe sein, die mithilfe eines Holzstabes zu einer Blumensäule aufgestockt werden, oder Konstruktionshölzer, die zum Bauen einfacher Holzkästen bestens dienen.

Sicherlich lohnt es sich nicht, Serienprodukte wie Tontöpfe oder Holzkästen, die preiswert im Handel erhältlich sind, selbst zu fertigen. Allerdings ist das Töpfern mit Ton oder das Bauen mit Holz für viele auch eine willkommene Freizeitbeschäftigung.

Nach ersten Erfolgen mit einfachen Produkten können dann aufwendigere Kreationen zustande kommen.

Nicht zuletzt wird durch die Anfertigung eigener Kübel, Kästen und Container auch Geld gespart.

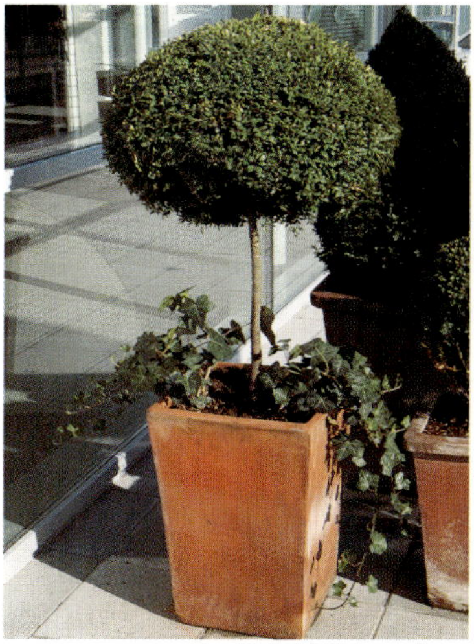

Buchs im zylindrischen Tontopf

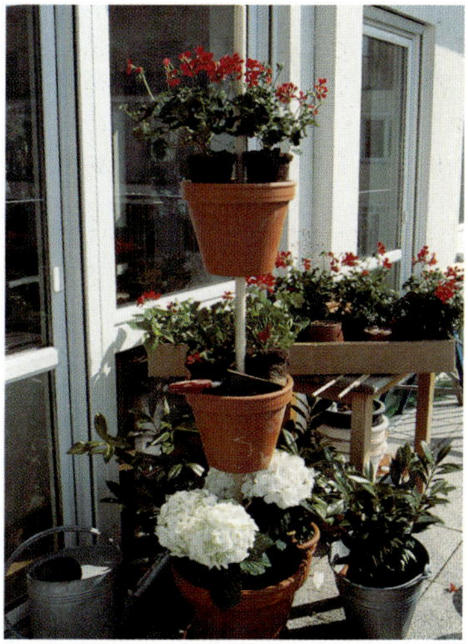

Selbst gebaute Blumensäule

Kübel-, Balkon- und Topfpflanzen kultivieren

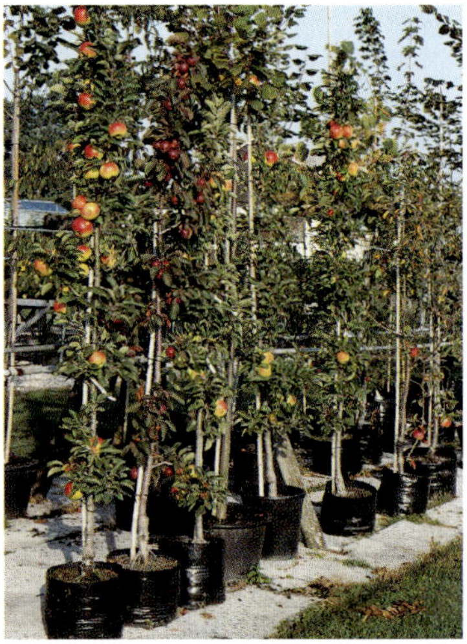

Spindelbüsche im Container

Es gibt keine »echten« Kübelpflanzen. Grundsätzlich lassen sich alle möglichen Gewächse in **Pflanzgefäßen** kultivieren. Das können heimische Gehölze sein, die das ganze Jahr im Freien bleiben, oder südländische Arten, die ein frostsicheres Quartier brauchen.

Während heimische Pflanzen wie Topfobstbäumchen, Kiefern in Kübeln oder auch Gräser und Farne in Töpfen eine Umpflanzung in den Garten vertragen, sind mediterrane Arten wie Oleander, Zitrusbäumchen und Lantanen oder auch tropische Gewächse wie Philodendren, Birkenfeigen oder Palmen ihr Leben lang auf die Kultur in Pflanzgefäßen angewiesen. Sie brauchen deshalb dementsprechend große Behältnisse, damit ihre Wurzeln aus dem Vollen schöpfen können.

Wie sich die Größe der Pflanzgefäße auf das Wachstum auswirkt, wird beim Vergleich gewöhnlicher Topfpflanzen mit Bonsaibäumchen deutlich. Diese »Bäumchen in der Schale« bleiben zwangsläufig Zwerge, da sie zu wenig Wurzelraum für gutes Gedeihen haben. Pflanzen derselben Arten bilden dagegen in geräumigen Kübeln kräftige Exemplare.

Auch in der Natur werden solche Unterschiede sichtbar. So bringen beispielsweise Kiefern, die im Hochgebirge in humusreichen Mulden wachsen, kräftige Bäume hervor. Wenn sie auf kargen Felsen sitzen, bleiben sie dagegen ihr Leben lang zwergenhaft.

Mittlerweile sind alle möglichen Pflanzen in Gefäßen erhältlich. Selbst große Gartenbäume und Sträucher werden in schwarzen Kunststofftöpfen kultiviert. Diese so genannten **Containerpflanzen**

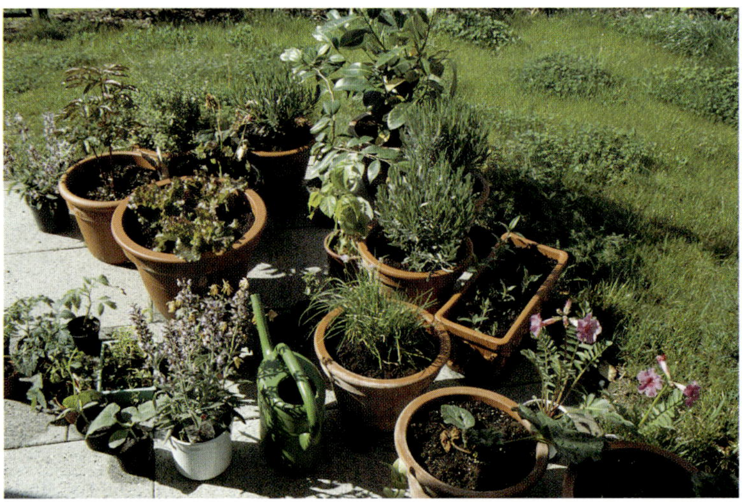

Praktisch alle Pflanzen gedeihen in Kübeln

lassen sich jederzeit nach Hause holen. Hier können sie in den Garten gepflanzt oder weiterhin in Kübeln gezogen werden.

Allerdings sind die Kunststoffbehälter keine Augenweide. Bedeutend schöner sehen die Pflanzen aus, wenn die Container mit **Schilfrohrmatten** oder **Sackleinen** verkleidet oder die Gewächse in naturnahe Behältnisse umgesetzt werden.

Das gilt auch für Blütenstauden, Gräser und Farne, die in Töpfen erhältlich sind, sowie für Sommerblumen, die in dekorativen Balkonkästen gedeihen, und für Zimmerpflanzen, deren Töpfe in schmucken Übertöpfen verschwinden.

Geeignetes Substrat

Als Substrat nimmt man vorzugsweise ein ökologisch unbedenkliches Produkt. Die üblichen Blumenerden sind vorwiegend Produkte aus Torf und weniger empfehlenswert, da der Torfabbau der Natur schadet. Mittlerweile sind Mischungen aus Rindenhumus, Kompost und Gesteinsgranulat erhältlich, die ähnlich gute Eigenschaften haben wie die Torfprodukte. Besonders wichtig ist eine dauerhaft lockere Beschaffenheit und ein großes Wasserspeichervermögen.

Gartenerde ist ungeeignet, weil sie zusammensackt und verkrustet. Auch reine Rindenerde ist ungeeignet. Erfahrungsgemäß verkümmern die Pflanzen darin.

Eine eigene Mischung aus Gartenerde, Rindenhumus, Kompost und Gesteinsgranulat (z. B. Blähton) ist jedoch durchaus eine gute Wachstumsgrundlage für die meisten Pflanzenarten.

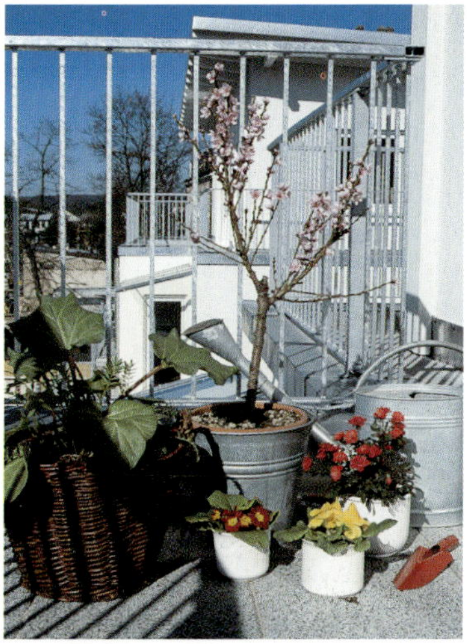

Pfirsichbäumchen im Kübel

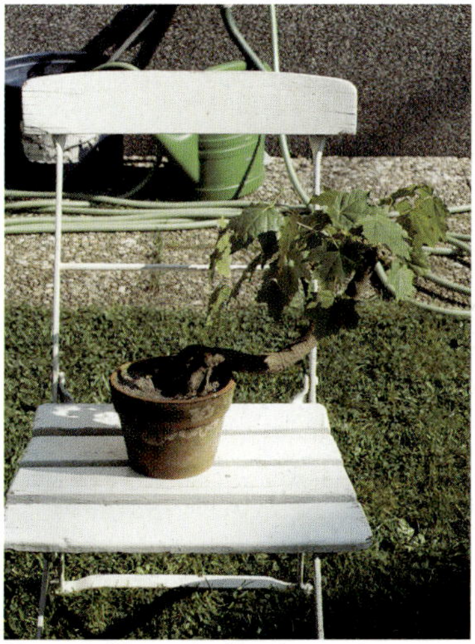

Bonsai-Ahorn im Topf

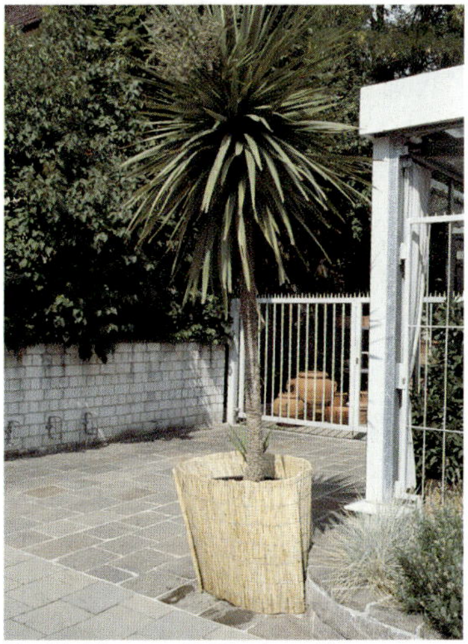

Verkleidung mit Strohmatte

Behältnisse für besondere Pflanzen

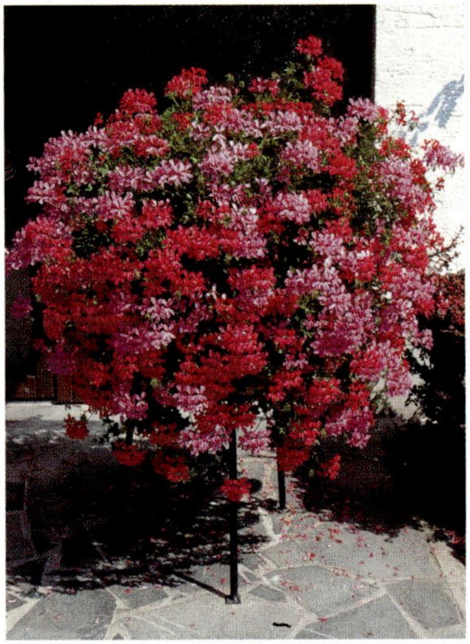

Pelargonium in der Ampel

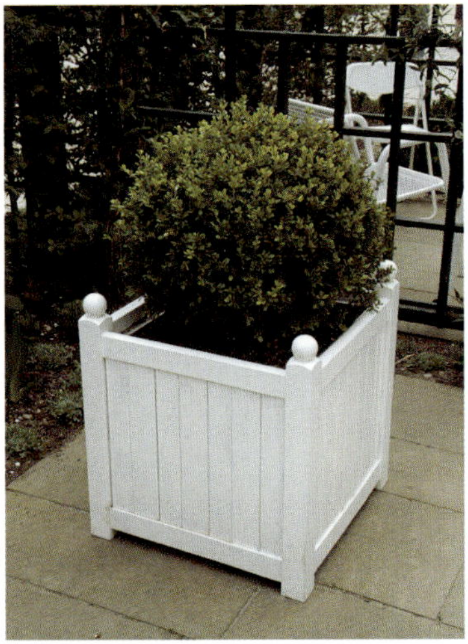

Weißer Holztrog für den Buchs

Neben herkömmlichen Gefäßen für gewöhnliche Pflanzen, die strauchförmig oder breitbuschig wachsen, können im Eigenbau auch Behältnisse für besondere Pflanzen oder ungewöhnliche Exemplare entstehen. Dazu zählen beispielsweise überhängende Gewächse, die spezielle **Ampeln** brauchen.

Auch besondere Erziehungsformen wie Säulen- oder Kugelbäumchen präsentieren sich besser in exklusiven Kübeln als in einfachen Töpfen. So tragen etwa formschöne Holzkübel aus Eichenbrettern mit zur Gestaltung bei, wenn sie am Eingang mit kugelförmigen Buchsbäumchen bestückt werden.

Die **Farbgebung** mit bunten Lacken wirkt sich ebenfalls auf die Gestaltung aus. So lassen sich Kontraste erzielen, wenn etwa dunkelgrüne Eiben in rot lackierte Holztröge gesetzt werden oder rot blühende Pelargonien in blauen Kästen gedeihen.

Natürlich lassen sich vorhandene Pflanzgefäße auch nachträglich jederzeit farbig umgestalten. So ist für unterschiedlich beschaffene Kübel und Kästen ein einheitlicher weißer Anstrich machbar. Oder es wird eine spezielle, zur Hausfassade oder zum Balkongeländer passende Farbgebung gewählt.

In der Regel sehen die Pflanzgefäße aber eher unauffällig aus. Braunes Holz oder naturroter Ton bringen die grünen Blätter und bunten Blumen der Balkon- und Kübelpflanzen besser zur Wirkung als knallige Farben. In diesem Sinne sollten die typisch glänzend grünen oder weißen Balkonblumenkästen aus Kunststoff hinter einer unauffälligen Verkleidung, etwa aus Holz, verschwinden.

Profitipp

Tontöpfe oder Blumenkästen aus Terrakotta bieten eine gute Basis für den Anstrich mit Fassadenfarbe. Allerdings ist vor dem Anstrich eine Grundierung nötig. Oder man verwendet eine feuchtigkeitsbeständige Farbe, die nicht abblättert. Auf diese Weise lassen sich die Tonkübel beispielsweise im gleichen Farbton gestalten wie das Wohnhaus, vor dem sie platziert werden.

Ampeln aus Drahtgitter

Anders als stehende Geranien oder Petunien, die aufrecht in gewöhnlichen Balkonkästen sitzen, brauchen Hängegeranien oder andere Ampelpflanzen ein Gefäß, in dem sie ihre langen Triebe ungehindert entfalten können.

Dazu werden sie entweder so in die Balkonkästen gepflanzt, dass sie überhängend wachsen können, oder sie erhalten einen Platz in speziellen Blumenampeln.

Maschendraht, der für Kaninchenkäfige oder zum Zaunbau verwendet wird, lässt sich gut zur Fertigung solcher frei hängenden Pflanzgefäße nutzen. Zur Formgebung dient dabei beispielsweise ein Baueimer.

Indem das Drahtgeflecht um den Eimer gewickelt und an den Enden mit einer Zange verknüpft wird, entsteht ein stabiler Drahtkorb, der sich nach dem Auskleiden mit Folie oder Vlies zum Bepflanzen anbietet. Die Befestigung, etwa am Balkongeländer oder an einem Dachbalken, ist mit drei Drähten oder Schnüren möglich, die gut verteilt am selbst gestalteten Korb angebracht werden.

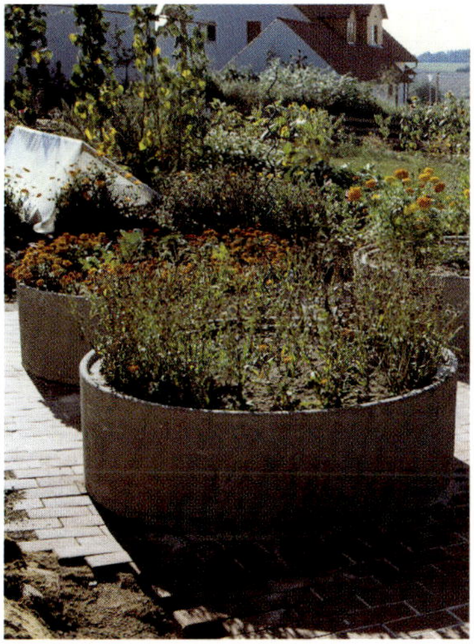

Hochbeete aus Betonringen

Betontröge integrieren

Schon beim Hausbau oder im Zuge der Terrassengestaltung ist der Bau massiver Pflanzkästen möglich. Dazu werden **Betonformteile** eingesetzt oder mithilfe einer Schalung Wände betoniert.

Gleichermaßen lassen sich massive Tröge am Balkon, an der Terrasse oder auf Dachgärten mit Betonsteinen oder Klinkerziegeln aufmauern. Bereits beim Betonieren oder Mauern sollte man daran denken, Wasserabzugslöcher und Ablaufrohre zu installieren.

Zu beachten ist, dass die zulässige **Traglast** eingehalten wird. Dabei ist neben den Betonwandungen beziehungsweise dem Ziegelmauerwerk auch das Gewicht der Erde und der Pflanzen einzubeziehen. Solche Pflanztröge laden dem Gebäude eine beträchtliche Last auf. Allerdings bieten sie ideale Bedingungen für eine üppige Begrünung.

Als geräumige Pflanzgefäße haben sich neben rechtwinkligen Betonformteilen auch Betonringe bewährt. Natürlich lassen sich solche Tröge oder Ringe auch anderenorts – etwa im Garten – platzieren und für eine dauerhafte Bepflanzung einsetzen.

Sicherheitstipp

Vor der Einrichtung eines Balkons mit großen Kübeln ist es ratsam, die Belastbarkeit zu prüfen. In der Regel haben Betonbalkone eine Tragfähigkeit von 250 kg pro qm. Allerdings gibt es Ausnahmen (etwa bei alten Gebäuden). Auskunft geben der Architekt, ein Baustatiker oder – bei Mietwohnungen – die Hausverwaltung.

Eigenbauten als Gestaltungselemente

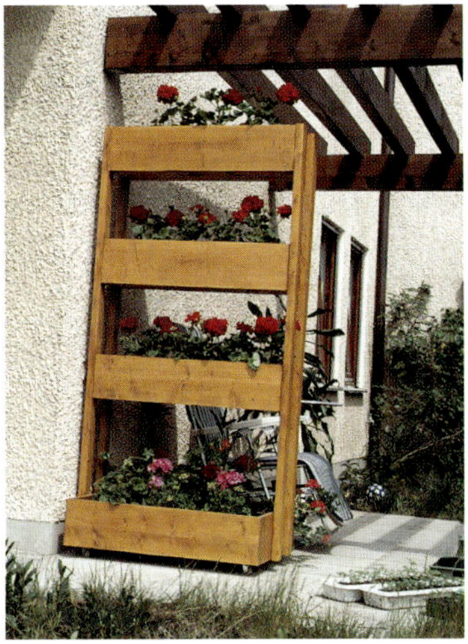

Etagere aus Holz

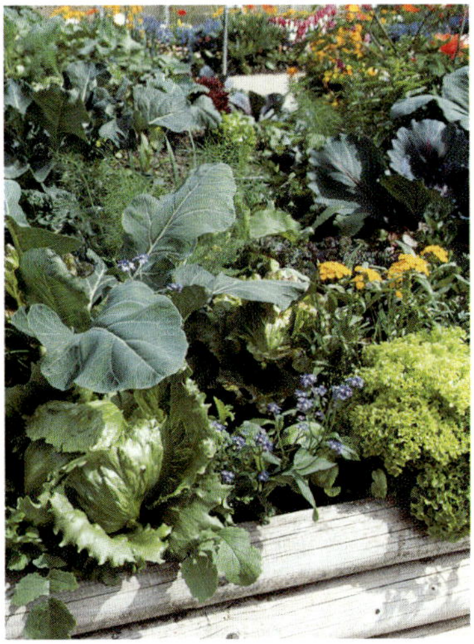

Hochbeet mit Gemüse und Blumen

Pflanzgefäße können Möbelstücke sein, wenn sie nicht nur als Behältnisse für Pflanzen geschaffen sind, sondern auch als Raumteiler, Sitzplätze oder Sichtschutzelemente zur Verfügung stehen. So lässt sich beispielsweise eine Stellage für Balkonblumen oder Zimmerpflanzen zusätzlich als Ablage für Töpfe und Utensilien nutzen.

Ähnlich kann ein Pflanzkasten aus Holz auch als **Raumteiler** dienen, wenn er als Blumenleiter oder Etagere gebaut ist, sodass auf mehreren Ebenen Blumen Platz haben.

Ein kleines **Hochbeet** aus Holz steht nicht nur zur Bepflanzung mit Gemüse bereit, sondern kann auch als Frühbeetkasten eingesetzt werden, wenn dafür ein Kastenelement mit Fenster gebaut wird.

Ein solches Hochbeet ist nicht nur für den Garten nützlich, zumal es das Bücken erspart, sondern kann ebenso am Balkon zur Verfügung stehen. Dafür erhält es einen geschlossenen Boden und eine wasserdichte Auskleidung mit Teichfolie. Möbelrollen machen diesen Pflanzkasten mobil.

Gleichermaßen lässt sich ein geräumiger Balkonkasten aus Holz zum **Frühbeet** umrüsten, wenn dafür ein aufsetzbares Folienzelt oder ein Acrylglas-Element gebaut wird. Ein solcher Kasten kann im Sommer ein ideales Quartier für Tomaten, Paprika und andere Wärme liebende Pflanzen bieten.

Bei kühlem Regenwetter wird einfach das Folienzelt oder das Acrylglas-Element aufgesetzt. An sonnigen Tagen ist dieses mit wenigen Handgriffen schnell wieder zu beseitigen.

Profitipp

Wie im freien Gartengelände wirken sich auch in Pflanzgefäßen ausgewählte Mischkulturen günstig auf ein gesundes Wachstum aus. Das können beispielsweise in einem Hochbeetkasten Kombinationen von verschiedenen Gemüsen mit Kräutern sein. Ebenso lassen sich einzelne Kübelpflanzen mit Kräutern oder Sommerblumen unterpflanzen, wenn sie in großen Töpfen mit reichlich Erdsubstrat sitzen.

Industriebaustoffe richtig nutzen

Neben den vielen Kübeln und Kästen, die als Fertigprodukte oder Bausätze zum Verkauf bereit liegen, gibt es eine Menge **Industriebaustoffe**, die zur Nutzung als Pflanzgefäße oder für deren Fertigung geeignet sind.

Betonringe

Beim Rundgang durch einen Baumarkt oder einen Baustoffhandel sind beispielsweise Betonringe zu sehen. Solche Ringe lassen sich mit geringem Aufwand als große Kübel nutzen. Im Garten ist nach der Platzierung direkt auf dem Boden die Befüllung und Bepflanzung möglich.

Auf dem Balkon oder der Terrasse sollte zum Schutz des Bodenbelags ein Untersatz aus einem Lattenrost oder einer Holzpalette vorbereitet werden.

Die grauen Betonwandungen lassen sich mit Fassadenfarbe freundlicher gestalten. Ebenso wirksam ist die Kaschierung mit überhängenden Blütenpflanzen. Solche Betonformteile bieten vor allem Freilandpflanzen wie Blütensträuchern oder Bäumen langfristig ein stabiles Quartier mit reichlich Wurzelraum.

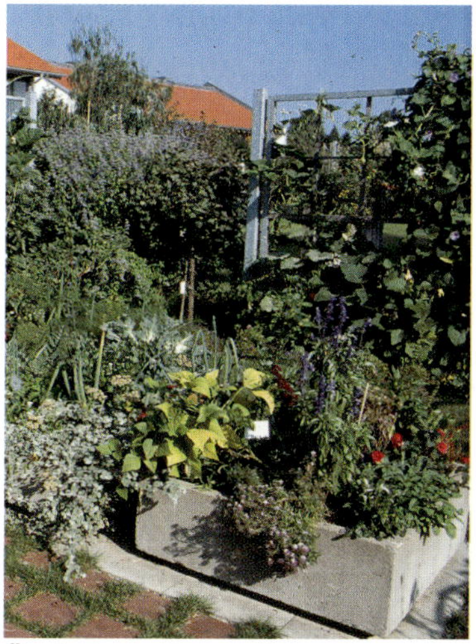

Üppig bewachsene Betonkästen

Ebenso können sie zur Einrichtung von **Wassergärten** dienen, wenn sie nach der Platzierung mit Teichfolie ausgekleidet werden. Allerdings ist der Transport der Ringe nur mit einem Kranwagen möglich.

Mauerwerk

Für große Tröge am Balkon eignen sich besser **Betonsteine** oder auch **Ziegel**, die zu massiven Behältnissen aufgebaut werden. Dieses Mauerwerk hält auch ohne Mörtel fest zusammen, wenn das Aufschichten der Steine ohne Kreuzfugen erfolgt.

Die Ziegelsteine, insbesondere frostsichere **Klinker**, sind auch zur Verkleidung von Mörtelwannen aus Kunststoff nützlich. Natürlich können mit Ziegelsteinen auch massive Tröge gebaut werden, indem man sie mit Mörtel verfugt. Als Basis zum Aufmauern bieten sich – wie bei der Platzierung von Betonringen – Holzpaletten oder Lattenroste an.

Solche Ziegelsteintröge haben sich als preiswerte Alternativen zu den teuren Natursteintrögen aus Granit bewährt. Beim Aufmauern dürfen Wasserabzugslöcher im Boden nicht vergessen werden. Statt mit Ziegelsteinen ist der Bau auch mit **Granitzeilen** möglich, die normalerweise als Straßenbordsteine dienen und preiswert im Baustoffhandel erhältlich sind.

Sicherheitstipp

Beim Arbeiten mit den rauen, schweren Betonformteilen und Natursteinquadern ist Sicherheitskleidung zu tragen. Insbesondere gehören Arbeitsschuhe mit Stahlkappen, Lederhandschuhe und eine Lederschürze zur Ausrüstung.

Natürlicher Baustoff für Kübel und Kästen

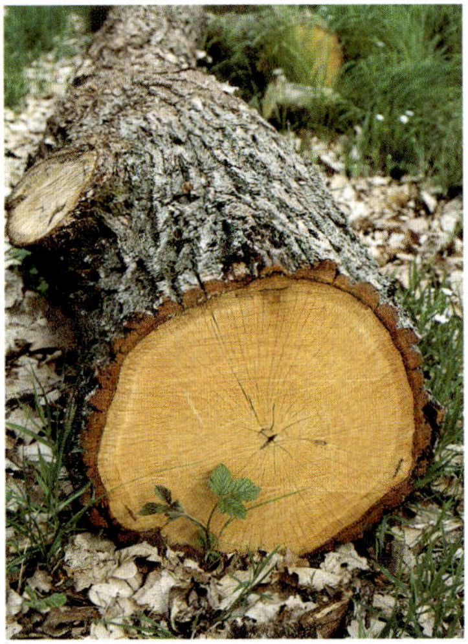

Eichenstamm aus dem Forst

Bei der Herstellung von Balkonkästen, Kübeln und Pflanzenmöbeln hat sich **Holz** als idealer Baustoff bewährt. Bretter und Latten sind preiswert in vielen Längen und Stärken aus verschiedenen Holzarten zu bekommen. Der Naturbaustoff sieht gut aus, ist einfach mit herkömmlichen Werkzeugen zu bearbeiten und hält dennoch der Verwitterung viele Jahre stand.

Für einen einfachen Balkonkasten genügt ein Brett, das in passende Teile zugeschnitten wird. Mit Holzdübeln oder Schrauben lassen sich diese zu einem Kasten zusammenbauen. Dieser steht – nach dem Bohren einiger Wasserabzugslöcher – sogleich zum Befüllen mit Erdsubstrat und zur Bepflanzung mit Sommerblumen oder anderen Gewächsen bereit.

Selbst ohne **Holzschutz** bleibt ein einfacher Fichtenholzkasten einige Jahre erhalten. Sobald das Holz durch die feuchte Erde verrottet, ist mit wenigen Handgriffen ein neuer Kasten gebaut. Das morsche Holz kann im Garten entsorgt werden, zumal es unbehandelt ist und keine Giftstoffe enthält.

Durch Verwendung von Robinien- oder Lärchenholz lässt sich die Lebensdauer wesentlich verlängern. Allerdings kosten diese und andere haltbare Hölzer mehr als einfache Fichten- oder Kiefernholzbretter. Aber auch solche Hölzer ermöglichen die preiswerte Produktion von Kästen in Serie.

Kunststoffeinsätze oder Holzschutzmittel verlängern die Haltbarkeit. Der Aufwand für das Streichen lohnt sich aber bei einfachen Produktionen kaum. Es sei denn, der Holzschutz dient zugleich zur farblichen Gestaltung.

Holz aus dem Wald

Für besonders rustikale Tröge kann **Rundholz** aus dem Wald nützlich sein. Auf Anfrage weisen die zuständigen Förster Privatleuten Forstparzellen zum Holzmachen zu. Die störenden Bäume erhalten vorher Farbmarkierungen. Während einer festgelegten Zeit dürfen sie dann gefällt werden.

Vor dem Abtransport schätzt der Förster die Holzmenge. Gegen einen recht geringen Betrag gehen die selbst gemachten Baumstämme dann in den Besitz der Privatleute über und können per Pkw-Anhänger nach Hause befördert werden.

Gelegentlich fallen bei Gartenrenovierungen, bei Auslichtungsarbeiten oder durch Sturmbruch auch im eigenen Garten Baumstämme an, die dann als kostenloser Rohstoff zur Verfügung stehen.

Mit einer guten **Kettensäge** und Übung im Umgang mit diesem Motorgerät geht der Zuschnitt und das Aushöhlen eines Stammstücks schnell voran. Das Nacharbeiten des teilweise ausgehöhlten Stammstücks erfolgt mit einem gut geschliffenen Stemmeisen.

Befestigungselemente

Für den Zusammenbau von Holzkästen sind Befestigungselemente nötig. Dazu dienen meistens Nägel, Schrauben oder Holzdübel. Neben gewöhnlichen Stahlstiften und Spaxschrauben (Spanplattenschrauben) bietet der Handel auch Edelstahlnägel und -schrauben an, die rostfrei sind.

Solche Befestigungselemente kommen vor allem bei exklusiven Vollholzkästen und -kübeln zum Einsatz, zumal sie keine hässlichen Rostflecken auf dem Holz verursachen. Für lackierte Pflanzgefäße aus Holz genügen aber auch gewöhnliche Stahlnägel und verzinkte Schrauben.

Wer beim Zusammenbau von Kübeln und Kästen auf Metallteile verzichten will, bekommt durch **Verzapfungen** feste Verbindungen. Diese Technik ist jedoch zeitaufwendig. Einfacher lassen sich die Bretter mit Holzdübeln und wasserfestem Holzleim zusammenfügen.

Für Befestigungselemente aus Metall gibt es beim Bau von Pflanzgefäßen weitere Einsatzbereiche. So dienen **Winkelverbinder** zum Zusammenbauen großer Holzplatten. Metallscharniere machen Frühbeetfenster auf Hochbeetkästen beweglich und Metallbügel ermöglichen das Einhängen von Blumenkästen am Balkongeländer mit wenigen Handgriffen.

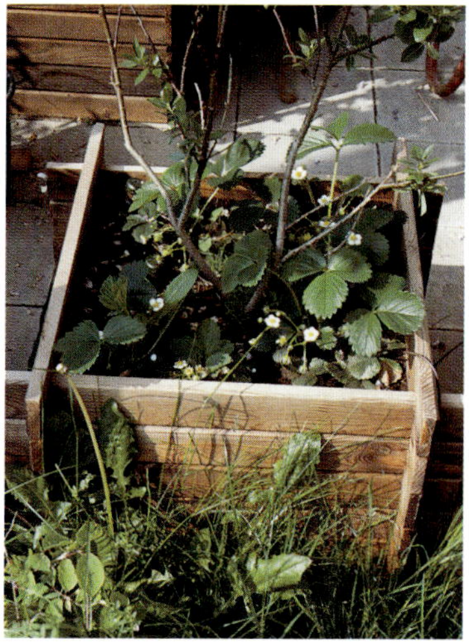

Erdbeeren im Holzkasten

Sicherheitstipp

Die Kettensäge ist ein sehr gefährliches Werkzeug. Wer damit hantiert, muss gut gerüstet sein und mit höchster Konzentration arbeiten. Zur Schutzkleidung gehört unter anderem ein Helm mit Gesichtsschutz. Wichtig sind außerdem ein sicherer Stand und eine gute Auflage des Werkstücks, etwa auf einem Sägebock. Selbstverständlich erfordert der Umgang mit der Kettensäge die nötige Übung.

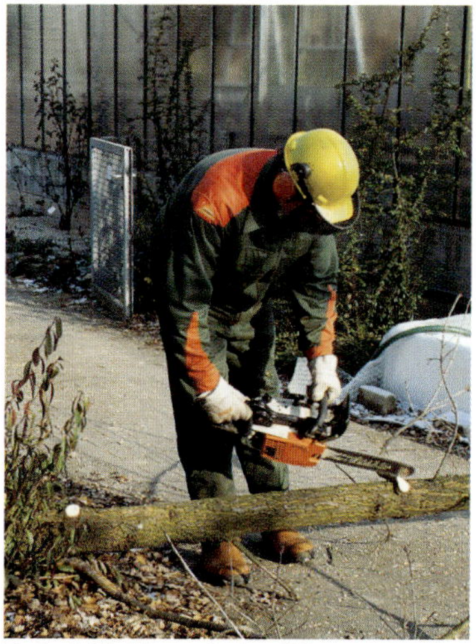

Schutzkleidung beim Sägen

Flechtwerk für Körbe

Der Baustoff Holz ist sehr vielfältig. Neben Rundholzstämmen aus dem Wald, rohen Brettern und Balken aus dem Sägewerk sowie gehobeltem **Profilholz** vom Baumarkt bietet die Natur weitere

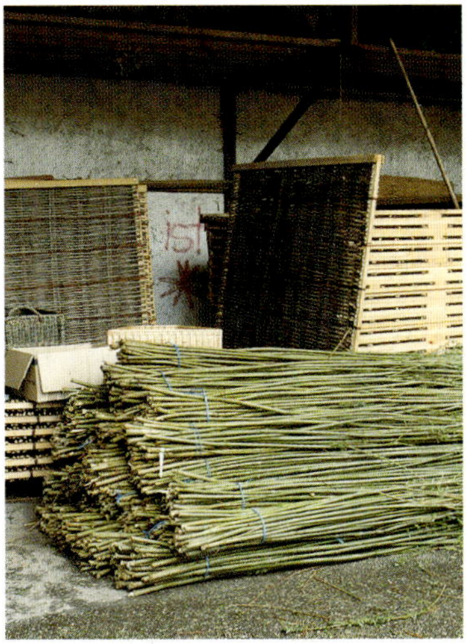

Weidenflechtwerk

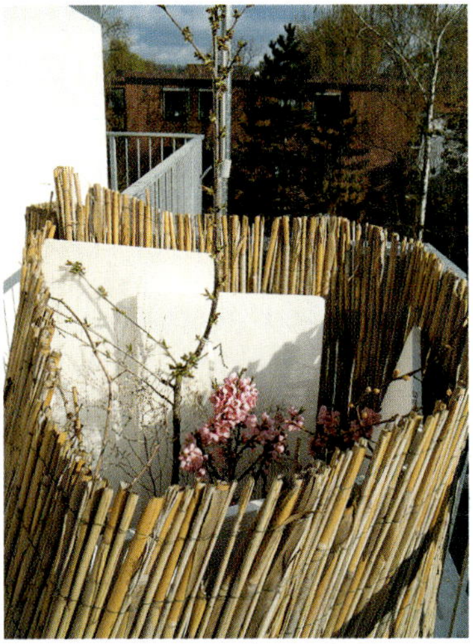

Frostschutz für Topfobst

Holzmaterialien, die zur Anfertigung von Pflanzgefäßen nützlich sind. Dazu gehören **Weidenruten**, die im Winter geschnitten und zum Beispiel zu Flechtkörben oder Verkleidungen für Kunststoffkübel verarbeitet werden.

Natürlich ist es nicht erlaubt, dazu einfach Weiden am Wasser oder in Parks zu beschneiden – es sei denn, die Bäume sind Stürmen oder Auslichtungsarbeiten zum Opfer gefallen. Für **Flechtwerk**, das auch beim Zaunbau, für Kinderspielzelte oder bei der Hangbefestigung Verwendung findet, lassen sich eigene Kopfweiden im Garten ziehen.

Solche Bäume – insbesondere Korbweiden oder andere Arten, die lange Ruten mit farbiger Rinde bilden – bringen jedes Jahr mehrere Meter lange Jahrestriebe hervor, wenn sie jeweils im Winter einen kräftigen Rückschnitt erhalten.

Genauso können junge Triebe von lebenden Weidenzäunen oder Weidentipis für die Gewinnung von Flechtwerk nützlich sein.

Das Korbflechten stellt allerdings eine sehr mühsame und zeitaufwendige Angelegenheit dar. Eigene Produkte können beispielsweise speziell für große Mörtelwannen angefertigt werden oder in Kombination mit der Balkonbegrünung als **Sichtschutzelemente**.

Der Schnitt der langen elastischen Triebe ist nur vom Herbst bis zum Spätwinter möglich. Denn in der Wachstumszeit sind sie nicht biegsam und brechen leicht ab. Vorhandene Weidenruten bleiben frisch, wenn sie im Wasser eingeweicht werden.

Stroh- und Kokosfasermatten

Neben Weidenmatten, die als Rollenware gelegentlich in Baumärkten erhältlich sind, haben sich Strohmatten oder besser gesagt Schilfrohrmatten zur Verkleidung von Pflanzgefäßen bewährt. Die natürlichen Geflechte eignen sich zum Kaschieren hässlicher Beton- oder Kunststoffbehälter.

Ebenso wirksam sind Gewebe aus **Jute** oder **Kokosfasern**, die sonst vorwiegend als Frostschutzmatten dienen oder bei der Böschungsbefestigung im Teichbau zum Einsatz kommen.

Lange Lebensdauer für Holzgefäße

Der Zahn der Zeit nagt besonders an Pflanzgefäßen aus Holz, zumal sie mit feuchter Erde befüllt sind und zum Teil jedem Wetter standhalten müssen. Sobald ein Kübel oder Kasten gebaut und fertig bepflanzt ist, beginnt bereits seine Alterung. Sie lässt sich aber durch einen konstruktiven Holzschutz und geeignete **Imprägnierungsmittel** verzögern.

Am stärksten verwittert Holz an der Übergangsstelle von der Erde zur Luft, also beispielsweise an den Innenwänden der Kästen, die mit dem Substrat in Berührung kommen. Dort sind die Mikroorganismen am aktivsten. Selbst mit hochgiftigen Mitteln getränkte Hölzer (z. B. Eisenbahnschwellen) sind nicht davor gefeit. Eine Möglichkeit, das Holz an dieser Stelle zu schützen, ist das Auskleiden mit **Kunststofffaservlies**, das die Erde vom Holz abtrennt.

Imprägnierungsmittel und Farben sind oft schadstoffhaltig. Das heißt, sie enthalten Wirkstoffe, die das Material schützen und Schädlinge, insbesondere Pilze, abwehren. Ihr Einsatz ist also immer bedenklich, auch wenn sie keiner Giftklasse zugeordnet sind.

Selbst Produkte die den »Blauen Umweltengel« tragen, sind nicht giftfrei, sondern nur schadstoffarm. Am besten verzichtet man deshalb auf Imprägnierungsmittel und Farben, wo dies möglich ist oder ersetzt sie durch unbedenkliche Produkte und Techniken. Oder aber man wählt Baustoffe, die keinen Schutz brauchen.

Wo eine Imprägnierung nötig ist, sind auf jeden Fall die Vorschriften einzuhalten und die Produkte richtig zu verarbeiten.

Zum Glück sind sehr giftige und gefährliche Produkte kaum noch in den Bau- und Haushaltsmärkten zu finden. Auch die Restbestände im Haushalt sollten möglichst bald in den Sondermüllsammelstellen verschwinden. Keinesfalls dürfen Produkte noch verwendet werden, die eindeutig verboten sind, weil sie äußerst giftige Wirkstoffe enthalten.

Beim Kauf neuer Imprägnierungsmittel sind stets umweltfreundliche, das heißt schadstoffarme Produkte mit besonderer Kennzeichnung, den stärker belasteten Mitteln vorzuziehen. Dabei helfen die Beschreibungen, die aufgrund der Kennzeichnungspflicht auf jeder Packung abgedruckt sind. Hilfreich sind auch die Warentests objektiver Institute, zumal diese Qualitätshinweise geben.

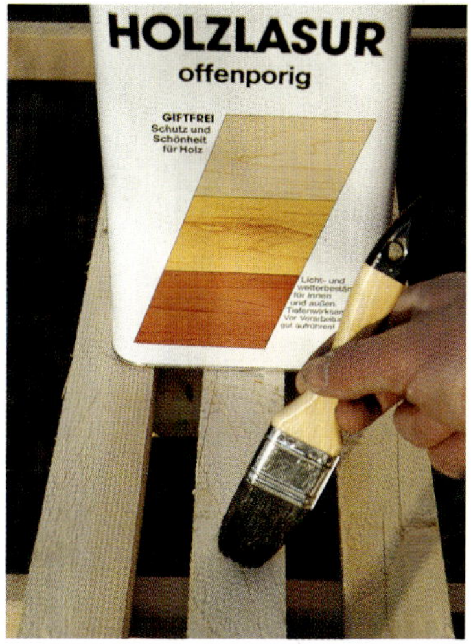

Holzschutz mit Lasur

Übrigens sind selbst umweltfreundliche, also beispielsweise biologisch abbaubare Produkte nicht immer ungefährlich. So kann etwa frische **Kalkfarbe** ätzend wirken. Das gilt natürlich nicht für **Bienenwachs**, **Leinöl** und andere biologische Holzschutzmittel, die sich besonders gut für Pflanzgefäße im Haus eignen.

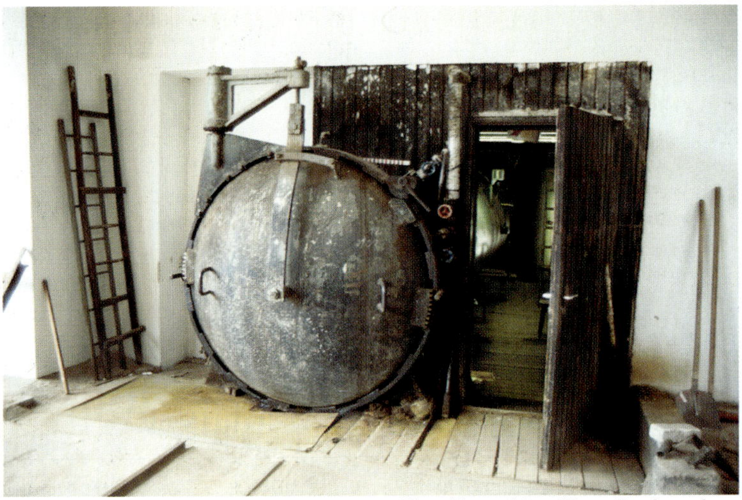

Eine Kesseldruckimprägnieranlage

Grundsätzlich müssen alle Farben, Lacke und Holzschutzmittel sicher und in der Originalverpackung aufbewahrt werden. Keinesfalls dürfen sie für Kinder erreichbar sein.

Reste von Farben, die zur einfachen Verarbeitung in Eimer oder Hilfsgefäße gefüllt wurden, sind Gefahrenquellen.

Sie dürfen nicht stehen bleiben, sondern müssen in die Originalpackung zurückgeschüttet werden. Wenn sie unbrauchbar sind, gehören sie zum Sondermüll.

Farben und Imprägnierungsmittel sind meistens frostempfindlich und dementsprechend frostfrei und trocken aufzubewahren. Das gilt insbesondere für pulverförmige Mittel, die Feuchtigkeit anziehen und leicht verklumpen.

Alte Farben ablösen

Vor der Imprägnierung müssen bereits gestrichene Pflanzgefäße vorbehandelt werden. Das Abschleifen von alten Farben, insbesondere von Lackfarben, ist eine staubige Arbeit und sollte nur im Freien oder mit Staubmaske durchgeführt werden. Am besten nimmt man Schleifgeräte mit einem Staubabzug.

Beim Ablösen der alten Farben mit Beizmitteln ist besondere Vorsicht geboten. Auf jeden Fall sind Schutzhandschuhe, eine Schutzbrille und ein Atemschutz nötig.

Imprägnieren lassen

Der Holzschutz hält länger, wenn die Imprägnierung außer Haus gewerblich durchgeführt wird. Beispielsweise lässt sich Holz recht dauerhaft durch eine professionelle **Kesseldruckimprägnierung** haltbar machen.

Kesseldruckimprägniertes Holz wird vor allem im Garten eingesetzt, zumal der Farbstoff mit Druck fest in die Holzzellen gepresst wird und tief eindringt. Die Farbe kann dadurch kaum mehr vom Regen ausgewaschen werden.

Imprägnierungsanlagen nehmen auf Anfrage auch Holz oder Holzprodukte von Privatleuten an, wenn noch Freiräume im Kessel vorhanden sind. Die Kosten dafür sind recht gering. Firmen, die kesseldruckimprägnieren, sind im Branchentelefonbuch zu finden.

Eigenbau aus Ton und Stein

Ton ist schon seit alter Zeit ein unentbehrlicher Rohstoff für Töpferware. Das Material ist fast überall auf der Erde in großen Mengen verfügbar und lässt sich gut bearbeiten. Man kann **Ton** kneten, formen und schließlich auch härten, indem er bei hohen Temperaturen gebrannt wird. Kein Wunder, dass Tongefäße von vielen Völkern hergestellt und genutzt werden.

Dementsprechend groß ist die Vielfalt an Formen, Farben und Größen dieser »irdenen« Gefäße. Selbst wertvolle Kunstwerke sind keine Mangelware.

Allerdings bedarf es zur Herstellung eigener Pflanzgefäße aus frischem Ton der nötigen Geräte und Hilfsmittel. So ist zur Gestaltung runder Kübel eine **Drehscheibe** nötig und zum Härten aller Tongefäße ein spezieller **Brennofen**.

Für den Hausgebrauch beziehungsweise für eigene Gestaltungsideen sind fertige Industrieprodukte gut geeignet, zumal sich die bereits gebrannten Tontöpfe und Kästen mit herkömmlichen Werkzeugen bearbeiten lassen. So kann man sie bohren oder mit dem Winkelschleifer zurichten.

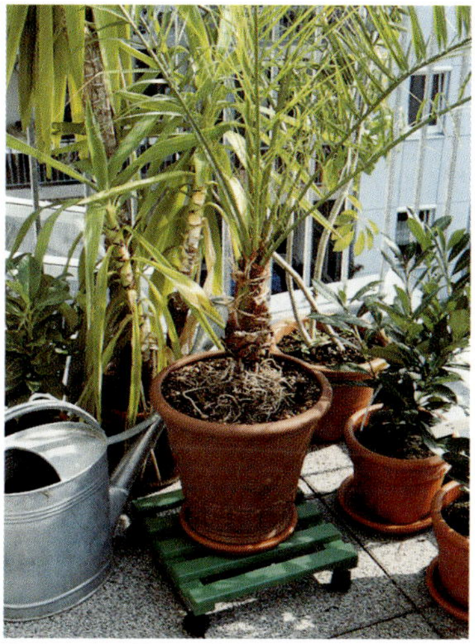

Palme im Tongefäß

Neben fabrikmäßig hergestellten, schlichten und unauffälligen Tontöpfen, Schalen und Kästen, gehören handgefertigte Produktionen zum Sortiment der Gartenmärkte. Diese Terrakotta-Einzelstücke (ital.: terra = Erde, kotta = kochen) geben den Pflanzen einen besonders edlen Rahmen.

Tongefäße: fest und dauerhaft

Pflanzgefäße aus Ton haben sich als pflanzenverträglich und verrottungsfest bewährt. Zudem ist durch die porösen Wände Gasaustausch möglich. Es besteht weniger als bei luftundurchlässigen Gefäßen die Gefahr, dass die Wurzeln verfaulen.

Natürlich dürfen auch Tontöpfe nicht ständig im Wasser stehen. Im Übrigen sind neben den rohen, unglasierten auch glasierte Tontöpfe erhältlich, die luft- und wasserundurchlässige Wände haben. Eine besondere Eigenschaft der

Profitipp

Gewöhnliche Blumentöpfe aus Ton sind frostbeständig. Dagegen gibt es bei glasierten Keramikgefäßen oder künstlerisch gestalteten Terrakottatöpfen und -kästen Unterschiede. So haben beispielsweise einfache Übertöpfe für Zimmerpflanzen keine ausreichende Frostbeständigkeit. Sie platzen, wenn stehendes Wasser am Topfboden gefriert. Auch Terrakottagefäße, die nicht aus frostbeständigem Ton gebrannt sind, kann gefrierendes Wasser sprengen. Achten Sie insbesondere bei teuren Produkten auf Gütezeichen. Bei hochwertigen Tongefäßen weisen Etiketten auf die Frostbeständigkeit hin.

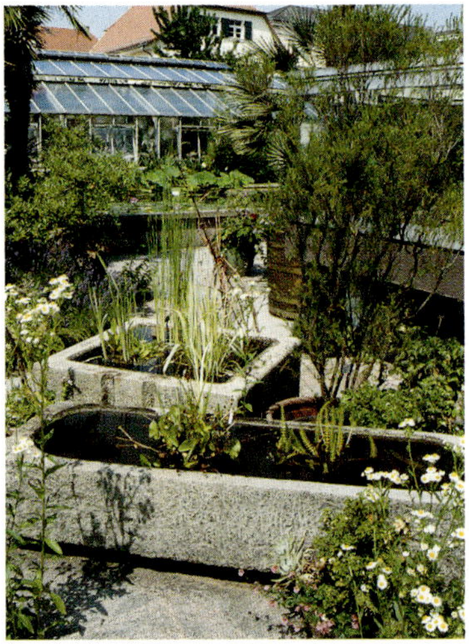

Wasserpflanzen in Trögen

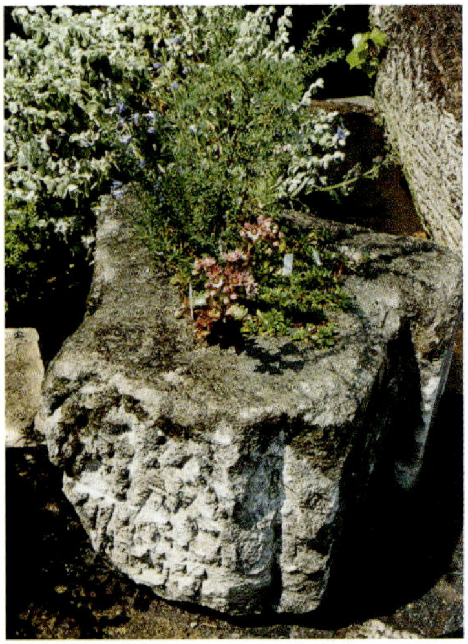

Sempervivum auf Naturstein

Tongefäße ist ihr hohes Gewicht. Das macht den Transport schwierig. Es hat allerdings auch einen Vorteil: Tontöpfe sind standfester als Kunststofftöpfe.

Ein wesentlicher Nachteil der Tontöpfe ist ihre Zerbrechlichkeit. Wenn man jedoch sorgsam mit ihnen umgeht, können Tongefäße uralt werden.

Naturstein

Neben Holzkästen und Tontöpfen bieten Tröge aus Naturstein allen möglichen Pflanzen eine dekorative, natürliche Basis. Besonders wirkungsvoll lassen sich Steingartenpflanzen in solchen Steintrögen in Szene setzen. Manche Arten wie Hauswurz (Sempervivum) und Mauerpfeffer (Sedum) kommen sogar auf blanken Felsen oder Findlingen zurecht, zumal sie das lebenswichtige Wasser in ihren fleischigen Blättern sammeln. Anderen genügen flache Mulden oder Felsspalten, in denen sie ihr genügsames Wurzelwerk entwickeln können.

Brauchbare **Natursteine** sind gelegentlich im eigenen Garten zu finden (z. B. beim Hausbau oder bei Erdarbeiten). Alpine Pflanzen gibt es bereits in Töpfen vorkultiviert in Staudengärtnereien oder Gartenmärkten. Die kräftigen Wurzelballen wachsen leichter auf den blanken Felsen an als Sämlinge mit losen Wurzeln. Das Ausgraben von Pflanzen in der Natur ist ohnehin verboten.

Wer mit einem leistungsfähigen Bohrhammer ausgerüstet ist, kann geeignete Felsen auch selbst bearbeiten und flache Mulden zum Bepflanzen in das Gestein meißeln. Dabei wird erkennbar, warum fertige Steintröge vom Fachhandel so teuer sind: Natursteintröge, die es in runden, ovalen oder eckigen Formen zu kaufen gibt, werden von Hand bearbeitet. Diese zeitaufwendige, harte Arbeit erfordert natürlich ihren Preis.

Alte Tröge, die früher als Tiertränken oder Futtertröge bereitstanden, haben Seltenheitswert. Wer solche Pflanzgefäße günstig bekommen kann, sollte zugreifen. Stattdessen bieten sich auch neue Natursteinelemente zur Herstellung schöner Tröge an. Dazu dienen beispielsweise **Granitquader**, die sonst als Straßeneinfassungssteine zum Einsatz kommen. Sie lassen sich mit Mörtel zu schönen großen Trögen zusammenbauen. Ebenso können Natursteintröge aus Pflastersteinen geschaffen werden.

Weniger wuchtig wirken Pflanzgefäße, die aus Natursteinplatten entstehen. Dazu werden ausgewählte Platten für den Pflasterbau mit dem Winkelschleifer oder einer speziellen Trennscheibe passend zugeschnitten und dann mit Fliesenkleber verbunden.

Möglich sind auch Verschraubungen, wenn die Platten gebohrt und mit Dübeln bestückt werden. Auf diese Weise kommen exklusive Pflanzgefäße zustande, insbesondere bei Verwendung von geschliffenen Marmorplatten.

Tröge und Kästen aus Naturstein sind äußerst robuste Pflanzgefäße. Sie lassen sich dem vorhandenen Bodenbelag etwa auf der Terrasse anpassen. Dazu dienen dieselben Platten, die für den Terrassenbelag verwendet wurden. Gleichermaßen ist der Bau von Kästen und Trögen aus anderen Steinen machbar. Dazu eignen sich beispielsweise **Pflasterklinker** oder Betonsteine, die mit Mörtel zusammengesetzt werden.

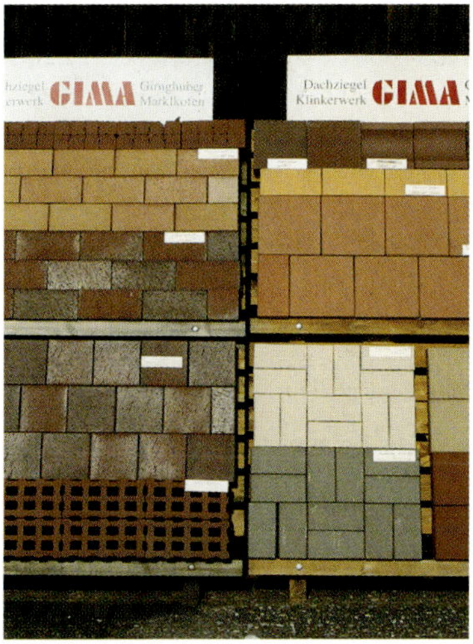

Pflasterklinker

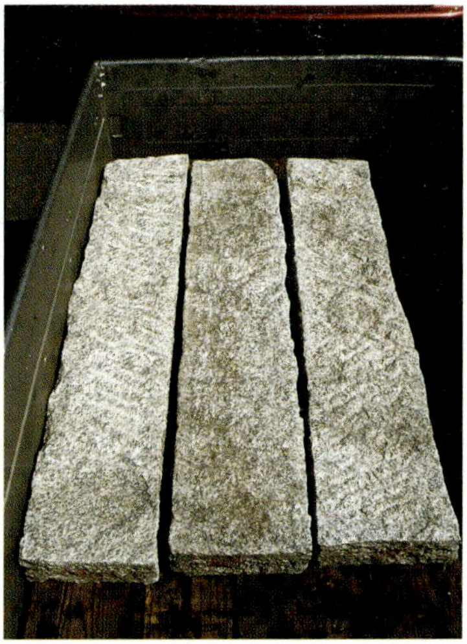

Granitzeilen

Fliesen

Dünne Natursteinplatten, die vorwiegend für Bodenbeläge im Haus als Steinzeugfliesen angeboten werden, lassen sich wie dicke **Natursteinplatten** für Terrassen als Pflanzgefäße nutzen. Für den Bau von Kübeln und Kästen aus Steinzeug hat sich das Zusammenkleben mit Silikon bewährt.

Auf diese Weise ist die Herstellung dekorativer Übertöpfe möglich. Als Pflanzgefäße müssen die **Steinzeugkästen** unten Bohrungen für den Wasserabzug erhalten.

Wer statt der Steinzeugfliesen gewöhnliche Keramikfliesen nutzen möchte, braucht dafür Rohkästen, die sich etwa aus Sperrholzplatten fertigen lassen. Sie dienen als Basis zum Aufkleben der ausgewählten Bodenfliesen.

Entweder werden dazu die Kästen der Fliesengröße angemessen oder die Fliesen erhalten das passende Maß. Fliesen eignen sich auch zum Verkleiden anderer Pflanzkästen etwa aus Holz, Spanplatten oder Leichtbauplatten (z. B. aus »Rigips«).

Variationen aus Zement und Kies

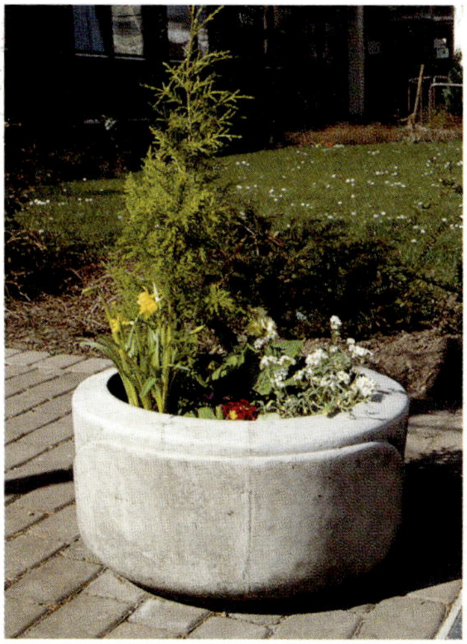

Pflanztrog aus Beton

Einfacher als aus Ton sind Pflanzgefäße aus Beton herzustellen. Der Baustoff aus Kies, Zement und Wasser lässt sich gleichermaßen kneten und formen wie Ton oder in vorgefertigte Schalungen gießen. Beton härtet aber im Gegensatz dazu selbst aus und muss nicht gebrannt werden.

Das »Härtungsmittel«, der Portlandzement, entsteht durch Brennen aus gemahlenem Kalkstein, Ton und Tonmergel bei ca. 1500 °C. Er ist ein unbedenklicher Baustoff, wenn man vom Abbau der Rohstoffe und dem hohen Energiebedarf absieht. (Dies ist jedoch auch für Töpferwaren nötig.)

Es genügen kleine Mengen zum Binden und Härten des Kieses. Je nach Festigkeit des Betons sind etwa 1 Teil Zement auf 3–6 Teile Kies und dazu etwas Wasser zum Anrühren der Mischung nötig. Besser als Betonkies eignet sich Flusssand, weil dieser einen besonders feinen und geschmeidigen Beton ergibt. Bausand ist wegen der mangelhaften Festigkeit der Gefäße nicht zu empfehlen.

Bei großen Gefäßen kann eine **Bewehrung** aus Baustahl nötig sein, um die Flanken und den Boden zu stabilisieren. Gefäße mit weniger als etwa 100 l Fassungsvermögen sind aber auch ohne Bewehrung ausreichend stabil.

Für die Herstellung eigener Betongefäße benötigt man **Schalungen**, die z. B. aus Holz selbst gebaut werden. Alternativ kann man Kunststoffgefäße verwenden – jeweils ein großes für die Außenschalung und ein kleineres für die Innenschalung, sodass eine Betonwandung von etwa 5–10 cm Dicke entsteht.

Gefäße aus reinem Beton sind sehr schwer und nur für belastbare Balkone geeignet. Für leichtere, dennoch stabile Gefäße mischt man dem Kies oder Flusssand deshalb einen Zusatzstoff bei.

Bewährt haben sich dazu z. B. Sägespäne (für so genannten Holzbeton, aus dem übrigens auch Vogelnistkästen gebaut sind), Ziegelsplitt (zerkleinerte Ziegel vom Bauschutt oder auch Tonscherben), Perlite (ein gebranntes, gemahlenes Urgestein) oder Blähton, der ebenso für die Hydrokultur verwendet wird.

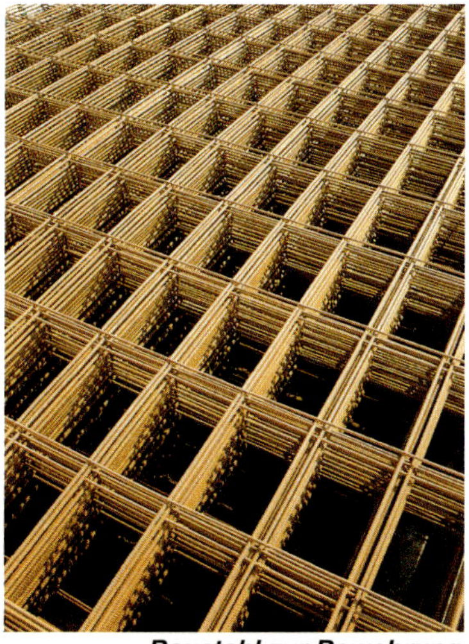

Baustahl zur Bewehrung

Billiger als das spezielle Hydrokultur-Substrat ist Blähton beim Baustoffhandel zu bekommen. Hier dient das kugelförmige Tonmaterial für die Trittschalldämmung beim Wohnungsbau. Der Anteil an Holzspänen, Sägemehl oder anderen mehr oder weniger elastischen Zusatzstoffen (z. B. Baumrinde) im Beton darf jedoch nicht zu groß sein (maximal etwa 1/3). Bei festen mineralischen Stoffen lässt sich der Anteil wesentlich erhöhen.

Zum Färben der grauen Masse gibt es im Fachhandel so genannte **Mörtelfarbe** (pulverförmig) in Rot, Ocker oder Schwarz, die sehr ergiebig ist. Ersatzweise kann aber auch Dispersionsfarbe verwendet werden.

Vor dem Gießen des fertigen Betons müssen die Schalungen für die Gefäße mit speziellem Schalöl (oder auch billigem Pflanzenöl) eingestrichen werden, damit sie sich nach dem Härten leicht abnehmen lassen. Man nimmt die Schalung am besten bereits dann vorsichtig ab, wenn der Beton noch etwas feucht ist. Vor dem Transportieren und Bepflanzen muss er dann jedoch noch mindestens 48 Stunden austrocknen.

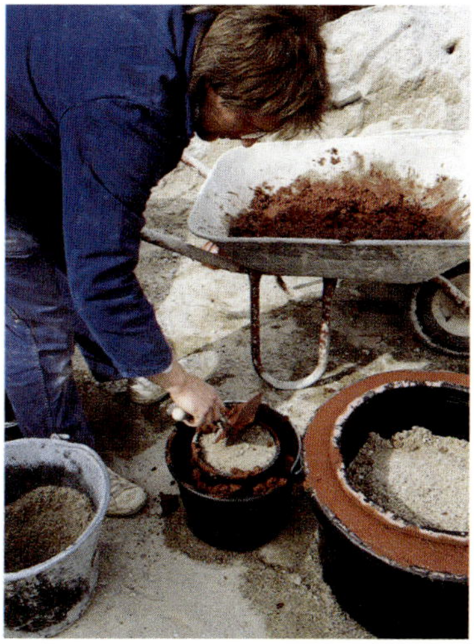

Kunststoffkübel als Schalung

Schalungen wählen

Die ausgesuchten Schalungen geben natürlich die Form der Kübel und Kästen vor. Am besten haben sich gewöhnliche Baueimer und Mörtelkübel bewährt, die in verschiedenen Größen preisgünstig zu bekommen sind und sich beliebig oft wiederverwenden lassen.

Für Sonderformen können spezielle Schalungen aus Holz gefertigt werden. Dazu dienen Schalungsdeckel vom Baustoffhandel oder auch Bretter, die passend zusammengefügt werden.

Bei Verwendung von sägerauen Brettern zeichnet sich nach dem Abnehmen der Schalung die Holzmaserung im Beton ab.

Wichtig ist, dass die Schalungen dem Druck des schweren Betons standhalten. Das gilt vor allem für große Tröge und Kübel. Die Schalungen sind auch kombinierbar.

So kann als Innenschalung beispielsweise ein Mörtelkübel dienen, der sich nach dem Härten leicht wieder entfernen lässt, während für außen eine kastenförmige Holzschalung angefertigt wird.

Profitipp

Vor der Anfertigung einer ganzen Serie an Pflanzgefäßen aus einem bestimmten Mischbeton empfiehlt es sich, versuchsweise einige Exemplare aus verschiedenen Betonarten zu gießen. Dabei zeigt sich, wie sich der Beton verarbeiten lässt, wie stabil die Wandungen werden und wie schwer die Tröge sind. Falls nötig kann dann der Anteil eines geeigneten Beistoffs noch weiter erhöht werden.

Pflanzkästen aus Blech und Maschendraht

Im Handel sind gelegentlich Balkonkästen aus verzinktem **Stahlblech**, aus Kupfer oder Messing erhältlich. Solche Kästen haben sich als leichte und dünnwandige, aber dennoch stabile und verrottungsfeste Pflanzgefäße bewährt. Das gilt auch für Zinkblecheimer, die in Serie gefertigt werden und normalerweise als Wasserbehälter dienen.

Wer Übung mit Metallarbeiten und das nötige Werkzeug dazu hat, kann auch eigene Metallbehälter zur Bepflanzung produzieren. Aus verzinktem Blech, Tintanzinkblechen, Kupferblechen und anderen wetterfesten Blechtafeln sind Kübel und Kästen in beliebigen Formen und Größen herstellbar.

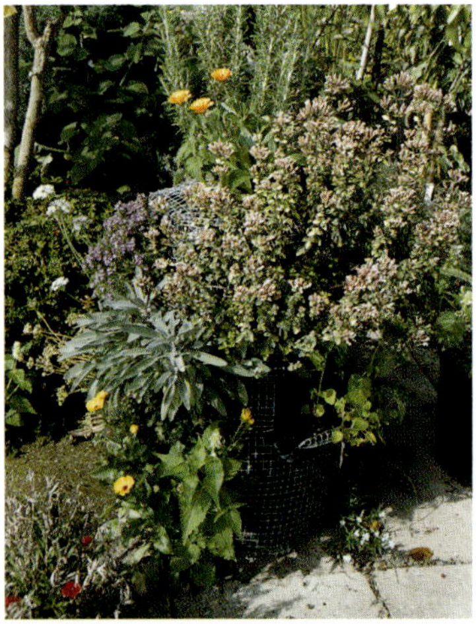

Pflanztonne aus Draht und Folie

Dazu werden die Maße auf das Blech übertragen und dann mit einer Blechschere ausgeschnitten. Nach dem Falzen und Bohren kann der Zusammenbau mit Schrauben oder Nieten erfolgen. Auf diese Weise kommen runde zylindrische Kübel zustande, halbrunde Tröge oder eckige Kästen.

Verzinken

Einfacher ist das Bearbeiten der Bleche in einer Schlosserei zu bewerkstelligen, die mit entsprechenden Schneidvorrichtungen und Falzmaschinen ausgerüstet ist. Pflanzbehälter aus gewöhnlichem Stahlblech können nach dem Zusammenbau einen wetterfesten Überzug in einer **Verzinkerei** erhalten.

Balkonkästen, Blechkübel, Spalierelemente und andere Metallteile werden dabei mit einer dünnen Zinkschicht überzogen und wasserfest versiegelt. Dies ist natürlich nur bei neuen Produkten möglich. Alte, bereits verwitterte Metallteile brauchen vorher eine Sandstrahlbehandlung.

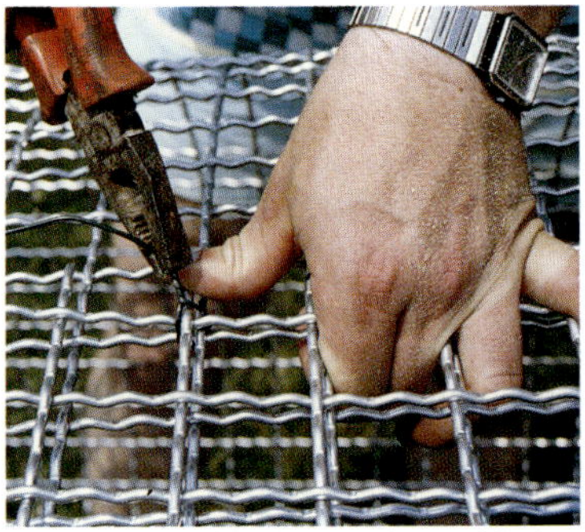

Maschendraht verbinden

Maschendrahtgeflechte

Während die Bearbeitung von Blech oder das Schmieden exklusiver Behältnisse gut ausgerüsteten Facharbeitern vorbehalten bleibt, ist die Herstellung von Pflanzgefäßen aus starrem Maschendrahtgeflecht relativ einfach.

Dazu wird beispielsweise für eine Kräutertonne ein angemessenes Maschendrahtstück zylindrisch rundgebogen und mit Drähten verbunden oder an den Drahtenden verknüpft.

Diese Gittertonne steht dann nach dem Auskleiden mit **Mulchfolie** zur Bepflanzung bereit. Die Pflanzen lassen sich seitlich in die Tonne einsetzen, indem Löcher in die Wandung geschnitten werden.

Verrottungsfeste Folien und Vliese

Das größte Sortiment an Pflanzgefäßen besteht aus Kunststoffen. Denn die Baumschulen und Gartencenter sind vorwiegend auf solche Gefäße angewiesen. Kunststoffkübel, -wannen, -töpfe und -kästen sind preisgünstig in vielen Größen, Formen und Farben zu bekommen. Die Erdölprodukte haben sich als völlig verrottungsfest und pflanzenverträglich bewährt und zeichnen sich durch weitere günstige Eigenschaften aus.

Ökotipp

Die herkömmlichen Kunststoffbehälter sind ökologisch weniger bedenkliche Produkte aus PP (Polypropylen) oder PE (Polyethylen). Erkennbar ist die Kunststoffart an einem Aufdruck am Topfboden. Pflanzgefäße aus diesen Materialien landen nach der Nutzung oder nach dem Umtopfen in Wiederverwertungsanlagen. Dagegen sind Produkte aus PVC (Polyvinylchlorid) zu vermeiden. Das gilt besonders bei der Verwendung von Teichfolien, die zum Auskleiden von Holzkästen dienen. Hier sind PE- oder Kautschukprodukte solchen aus PVC vorzuziehen.

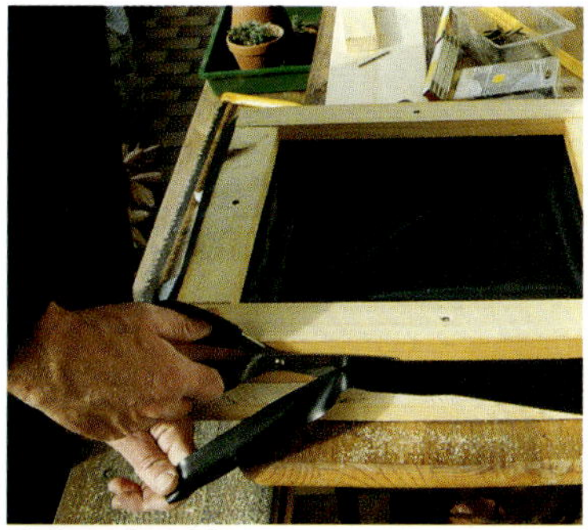

Folie schneiden

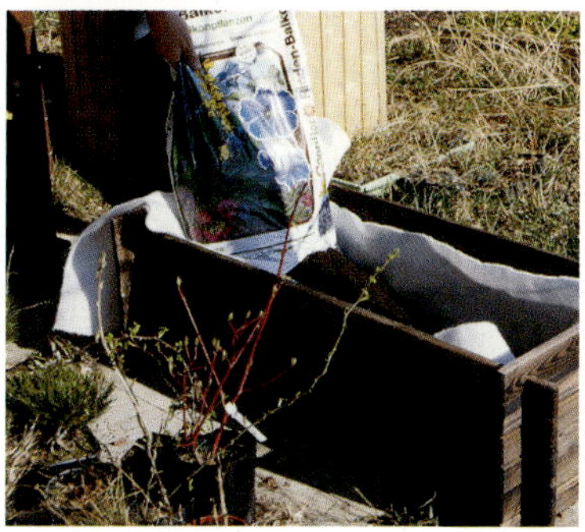

Vlies im Holzkasten

»Phantastik Plastik« ist leicht, stoßfest und transportabel. Allerdings sehen die vorwiegend schwarzen Pflanzgefäße weniger ansehnlich aus als Tontöpfe oder Holzkübel. Selbst Terrakottanachbildungen sind für Freunde von naturechten Baustoffen spätestens beim zweiten Blick oder bei Berührung enttäuschend.

Dennoch ist kaum darauf zu verzichten. So sind Kunststoffprodukte etwa als Behälter für Wasserpflanzen, als Folien zum Auskleiden von Holzkästen, als Vliese für die Drainage beliebiger Pflanzbehälter oder aber als Schalungen zum Gießen eigener Mischbetontröge unersetzlich.

Container

Die Kultur von Pflanzen in Containern hat besonders für Baumschulen und Gartenbaubetriebe wesentliche Vorteile, denn die Pflanzen stehen in den schwarzen Kunststofftöpfen jederzeit zum Verkauf bereit. Die Gärtner sind so nicht mehr auf bestimmte, in der Regel kurze Pflanzzeiten angewiesen. Dementsprechend groß ist das Sortiment an Pflanzgefäßen.

Profitipp

Für Großgehölze gibt es Kunststoffkübel bis zu 1500 Liter Fassungsvermögen. Solche Großcontainer, die einen Durchmesser von 155 cm und eine Höhe von 100 cm haben, sind von Versandhäusern für Gartenbaubedarf auch für Privatleute zu bekommen.

Arrangements in Ampeln und Kästen

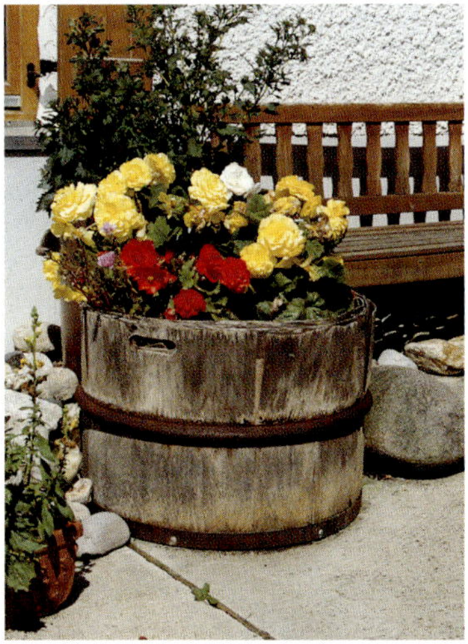

Knollenbegonien im Holzfass

Jeder Balkon lässt sich mit bunten Blütenpflanzen gemütlicher gestalten. Dabei kommt es vor allem auf die richtige Auswahl an: Da die Pflanzen je nach Art mehr oder weniger Licht brauchen, ist besonders die Lage zu beachten. Aber auch die verfügbare Zeit zur Pflege ist einzuschätzen. Immerhin sind die Pflanzen in den Gefäßen eingeschränkt und unbedingt auf die **Bewässerung** angewiesen.

Beim Arrangieren sind kaum Grenzen gesetzt, da die meisten typischen Balkonblumen gut zusammenpassen. Unverträglichkeiten verschiedener Arten sind nicht bekannt. Selbst Sommerblumen und Gemüse lassen sich – durchaus ertragreich – kombinieren. Das farbliche Arrangieren ist Geschmackssache. Gepflanzt wird, was gefällt. Dabei sind auch die Farbe der Kästen und des Balkons zu berücksichtigen.

Ein »roter Kasten« lässt sich etwa mit roten »Geranien«, rotem Ziertabak und roten Petunien gestalten. Dieses Sortiment gedeiht am besten bei voller Sonne. Ein »roter Kasten« für einen schattigen Platz wird mit Fuchsien, Knollenbegonien und Fleißigen Lieschen bepflanzt.

Gleichermaßen lassen sich andere einfarbige Kästen gestalten – so etwa mit Tagetes, Löwenmaul und einjährigem Sonnenhut in Gelb, mit Blauen Gänseblümchen, Verbenen und Leberbalsam in Blau oder mit Petunien, Duftsteinrich und Greiskraut in Weiß. Spielen Sie ruhig mit den Farben und stellen Sie in der Gärtnerei oder am Blumenmarkt gefällige Topfpflanzen zur Probe zusammen.

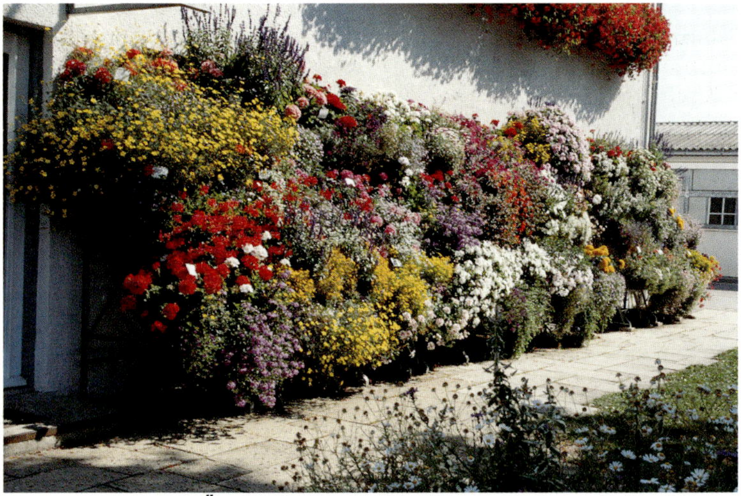

Üppige Farbenpracht mit verschiedenen Balkonblumen

Fröhlicher als satte einfarbige Arrangements wirken Kästen mit vielen verschiedenen Arten. Eine bunte Mischung kann beispielsweise aus Pantoffelblumen (gelb), Zwergmargeriten (weiß), Feuersalbei (rot) und Fächerblumen (blau) entstehen. Sehr angenehm sind duftende Arrangements. Kästen mit Vanilleblumen (Heliotrop), Duftsteinrich (Lobularia) und Gartennelken sind etwas fürs Auge und für die Nase. Auch hier kann man kaum Fehler machen, zumal die Düfte harmonieren.

Zier- und Nutzpflanzen können in Form von Gemüse-, Kräuter- und Sommerblumengruppen verbunden werden. Ideal sind kleine Gemüsezüchtungen wie etwa Buschtomaten, Birnenmelonen (Solanum muricatum) und Paprika sowie Basilikum, Schnittlauch und Salbei und dazu knallige Dauerblüher wie etwa Tagetes oder »Geranien«, die dem Grün der **Kräuter** und **Gemüse** Farbe geben.

Besonders üppige Pflanzungen kommen zustande, wenn aufrechte und überhängende Arten – so etwa stehende und hängende »Geranien« – gemischt werden. In einen Kasten (mit 80 cm Länge) kommen etwa 5–6 Pflanzen; in kleine Kästen weniger, in große Kästen mehr.

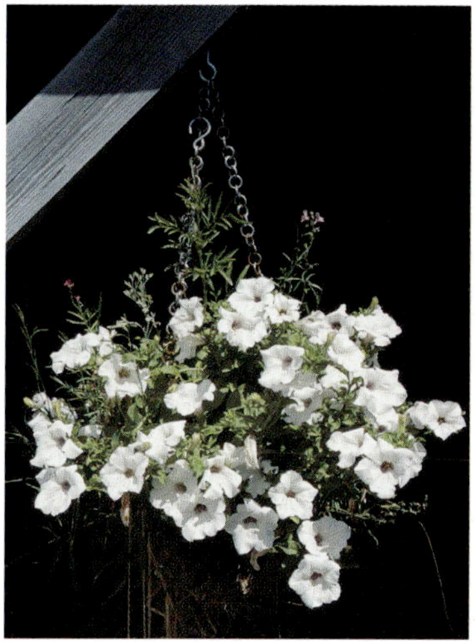

Petunia in der Ampel

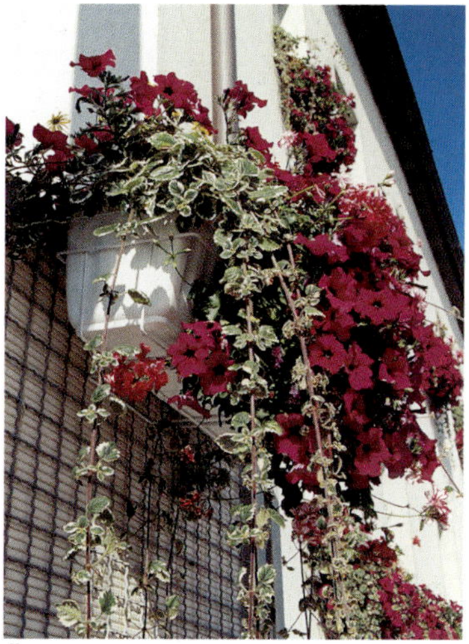

Überhängender Zierweihrauch

Pflanzen in luftiger Höhe

»Hängende Körbe« oder **Blumenampeln** bieten besonders für überhängende Pflanzen ideale Entwicklungsmöglichkeiten. In den schwebenden Pflanzgefäßen können sich Petunien, Hängegeranien oder auch schöne überhängende Blattpflanzen wie der Zierweihrauch, die Grünlilie oder der Nestfarn ungehindert entfalten.

Sie bringen oft meterlange Girlanden hervor. Ihren Platz erhalten sie vorzugsweise in vollsonniger, geschützter Lage.

Aber auch für schattige Balkone sind Arrangements möglich. Hier gedeihen Farne, Grünlilien oder Efeupflanzen, die einzeln oder gemeinsam in den Ampeln ihre überhängenden Blätter und Triebe entwickeln. Dazu kann man auch vorhandene Zimmerpflanzen setzen, die einen Aufenthalt in der Sommerfrische gut vertragen.

Immergrüne Arten wie Efeu, Schwertfarn und Tradeskantie lassen sich im Herbst mit den mehrjährigen Sommerblühern wie Pelargonien und Fuchsien einfach

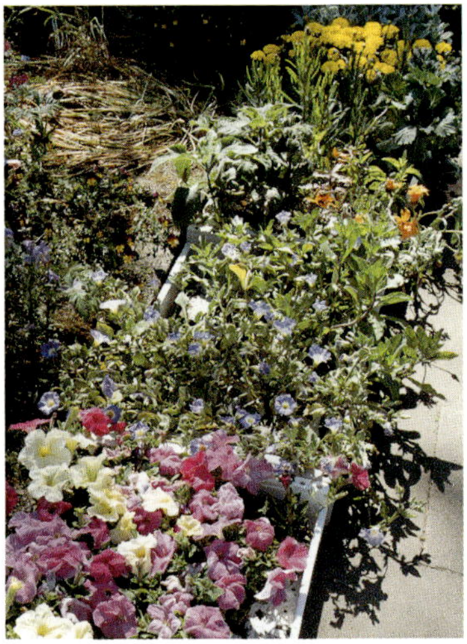

Bunt gemischte Sommerblumen

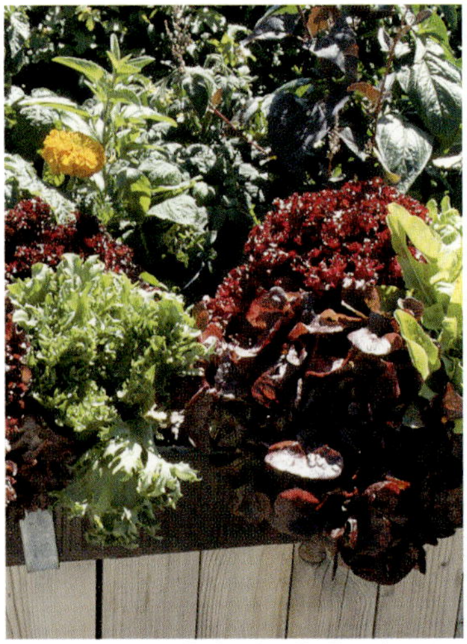

Salat im Balkonkasten

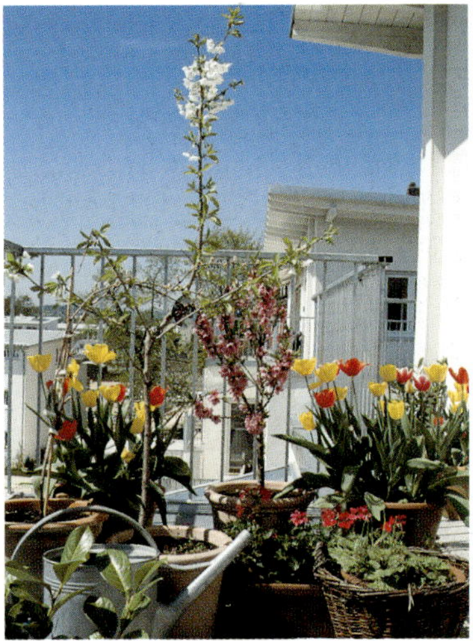

Kirsche und Pfirsich im Topf

vom Balkon ins Haus umhängen. Einjährige wie Petunien und Kapuzinerkresse landen im Herbst auf dem Kompost.

Ampel in Etagere

Hängende Gewächse eignen sich auch sehr gut zur Bepflanzung von Etageren oder Säulen. Solche »stehenden Ampeln« können nach eigenen Maßen gebaut werden.

Dazu dienen Blumenkästen aus Kunststoff, die nach dem Aufbau in die selbst gefertigte Holzetagere eingesetzt werden.

Frostharte Gewächse

Wenn die ersten Nachtfröste übers Land ziehen, ist höchste Zeit zum Einräumen der südländischen Pflanzen. Die meisten Arten kommen in einem hellen, kühlen Raum gesund durch die kalte Jahreszeit. Gegen kahle Balkone und Terrassen helfen derweil immergrüne Gehölze.

Das Sortiment der Immergrünen bietet für jeden Standort passende Arten: Sowohl Laub- als auch Nadelgehölze gedeihen gut in Pflanzgefäßen. Natürlich müssen die Töpfe angemessen sein, damit die Gehölze viele Jahre vital bleiben. Denn sie sind keine Anschaffung nur für die Wintermonate, sondern können auch im Sommer eine willkommene Kulisse für den Blumenschmuck bilden.

Alle Arten – von A (wie Aukube) bis Z (wie Zeder) – gibt es als Containerpflanzen. Sie sind also schon an die Kultur in Töpfen gewöhnt und wachsen nach dem Umpflanzen in passende Kübel und Kästen ohne Probleme weiter.

Für die Begrünung sind schwach wachsende Züchtungen zu empfehlen. Sie kommen besser mit den eingeschränkten Wurzelräumen zurecht als stark wüchsige Wildarten. Es gibt aber sogar von mächtigen Waldbäumen kleine Sorten, wie etwa die Zuckerhutfichte als kleine Schwester der Waldfichte oder die Zwergbalsamtanne, eine schwach wüchsige Tannenzüchtung. Selbst Zedern sind in Kübeln kultivierbar, wenn Exemplare der kompakten Hängezeder gewählt werden.

Alpine Arrangements

Alpine Stauden und Gehölze müssen zwangsläufig mit geringem Wurzelraum zurechtkommen. Einige ausgewählte Arten lassen sich auch in Schalen kultivieren. Solche besonderen Lebensräume sind das ganze Jahr über sehenswerte Gestaltungselemente.

Kleine **Steingärten** können statt in Natursteintrögen auch in gewöhnlichen Pflanzgefäßen entstehen. Kiefern, Hauswurzen und Fetthennen lassen sich beispielsweise in Tonkästen oder in Tonschalen kultivieren. Für erste Gestaltungsexperimente genügt eine schöne große Tonschale, die mit ausgesuchten Natursteinen und den dazu passenden Pflanzen ausgestattet wird.

Das kann eine kleine Bergkiefer sein, die einige Polsterstauden als Begleitpflanzen erhält. Für solche Steingärten reichen stets wenige Exemplare aus, damit der Steingartencharakter nicht schon in wenigen Jahren unter einer dichten Pflanzendecke verschwindet.

Nach dem ersten Steingarten in der Schale sind weitere Kreationen machbar, die andere Pflanzungen beherbergen. Mit alpinen Stauden und Gehölzen in Pflanzgefäßen entstehen immergrüne Steingärten, die besonders im Winter für Abwechslung sorgen.

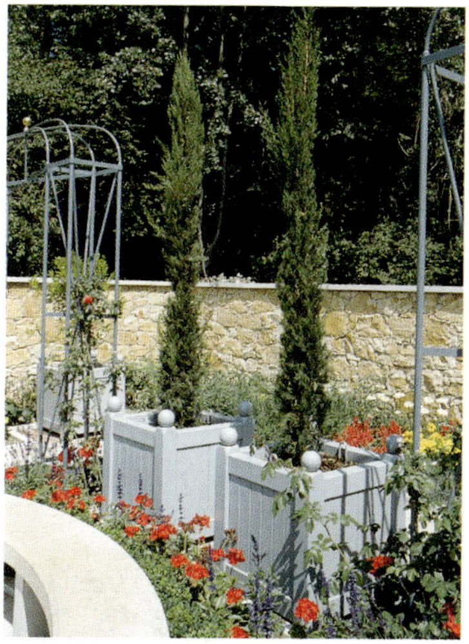

Immergrüne Zypressen

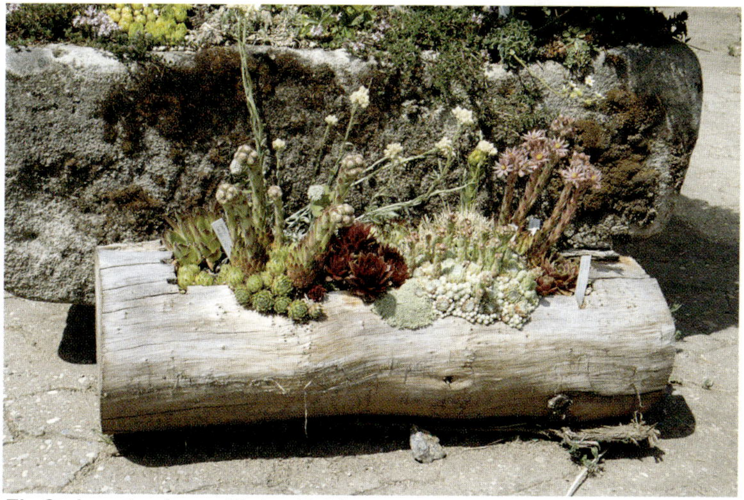

Ein Steingarten im rustikalen Holztrog

Die wichtigsten Werkzeuge

Auf diesen beiden Seiten finden Sie Kurzbeschreibungen der wichtigsten Werkzeuge, die Sie benötigen, um selbst Kübel, Kästen und Pflanzgefäße bauen zu können. Welche davon Sie für die einzelnen Arbeitsgänge und -anleitungen brauchen, ersehen Sie aus den Abbildungen unter der Rubrik »Werkzeug« bei den Arbeitsanleitungen.

Werkzeuge zum Messen

1

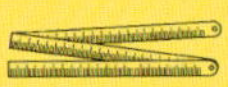

2

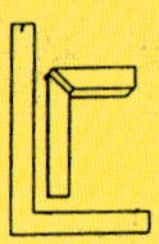

1 **Meterstab:** Ein unverzichtbares Hilfsmittel zum Bestimmen von Maßen und zur Übertragung auf die Werkstücke; ist in jedem Werkzeugkasten.

2 **Schreinerwinkel (Winkelmaß):** Ein Winkelmaß wird benötigt, um beim Zuschnitt von Brettern den rechten Winkel zu bestimmen.

Motorgeräte

3

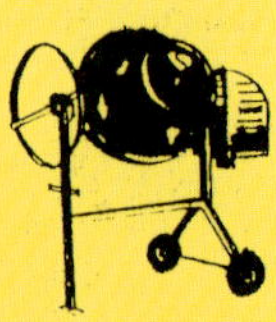

4

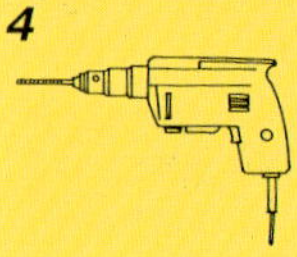

3 **Betonmischer:** Eine Mischmaschine mit Elektromotor erleichtert die Produktion von Beton oder Mörtel wesentlich. Solche Geräte sind auch bei Mietzentralen zu bekommen.

4 **Bohrschrauber:** Eine Bohrmaschine mit Drehzahlregulierung wird zum Bohren und Schrauben in Holz, Beton und anderen Werkststoffen gebraucht.

5

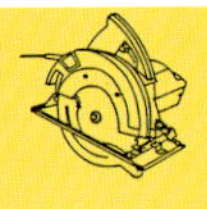

5 **Handkreissäge:** Den exakten und raschen Zuschnitt von Brettern macht eine elektrische Kreissäge möglich.

Geräte und Hilfsmittel zum Bearbeiten verschiedener Baustoffe

6

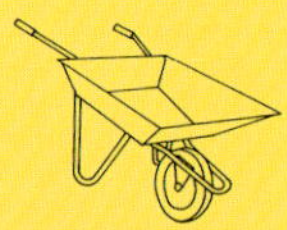

6 **Schubkarre:** Ein Transporter mit Schlauchreifen und Blechwanne dient zum bequemen Befördern von Kies, Sand und anderen Gütern.

7

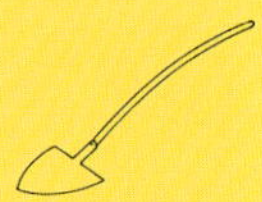

7 **Schaufel:** Lose Baustoffe wie Kies, Sand oder auch Humus lassen sich vorzugsweise mit einer Spitzschaufel aufladen oder verteilen.

8

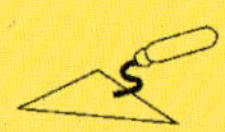

8 **Kelle:** Frischer Beton oder Mörtel muss verteilt und geglättet werden. Das geschieht am besten mit der Kelle.

9

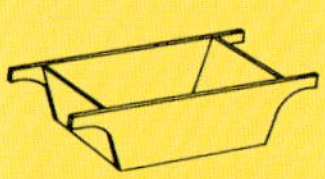

9 **Mörtelwanne:** Zum Anmischen von Beton ist bei kleinen Mengen statt eines Betonmischers eine Mörtelwanne aus Kunststoff ausreichend.

10

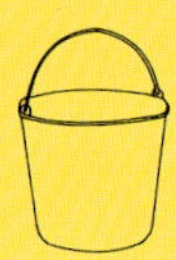

10 **Eimer:** Kunststoffeimer sind unentbehrliche Transportmittel für Wasser oder auch für feste Materialien wie lose Zusatzstoffe für Mischbeton.

11
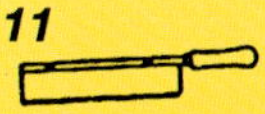

11 Feinsäge: Für den Zuschnitt von Zierleisten und anderen kleinen Holzteilen wird eine kleine Handsäge gebraucht.

12
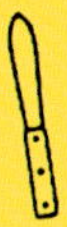

12 Messer: Beim Bau von Pflanzgefäßen dient ein Taschenmesser zum Zurechtschneiden von Folien und Vliesen.

13
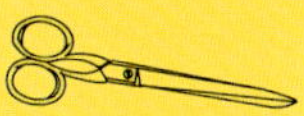

13 Schere: Eine Haushaltsschere ermöglicht den Zuschnitt von Folien und Vliesen.

14
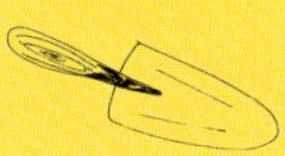

14 Pflanzschaufel: Das Einfüllen von Substrat in Kübel und Kästen geht mit einer Pflanzschaufel leichter als mit einer großen Schaufel.

15
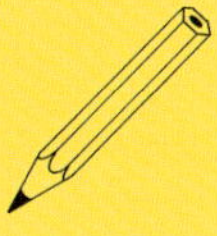

15 Bleistift: Zum Markieren von Schnittkanten, Bohrstellen und dergleichen.

16
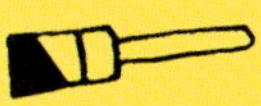

16 Pinsel: Zum Auftragen von Farbe verwendet man Haushaltspinsel; es lohnt sich, einen Satz in verschiedenen Formen und Größen zu besorgen.

17
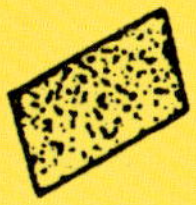

17 Schleifpapier: Die Nachbehandlung rauer Sägekanten erfolgt mit Schleifpapier; davon sollten Bögen mit unterschiedlicher Körnung vorhanden sein.

18
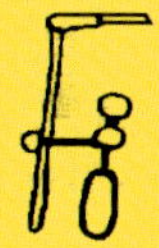

18 Schraubzwingen: Vor dem Zusammenschrauben oder Dübeln halten Schraubzwingen die Werkstücke fest zusammen; sie dienen auch zum Fixieren auf der Arbeitsunterlage.

19
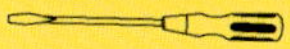

19 Schraubendreher: Zum Anziehen von Schrauben.

20

20 Stecheisen: Das Ausstemmen von Balken oder Pfosten gelingt am besten mithilfe von Stecheisen, die es in verschiedenen Größen gibt.

21
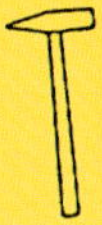

21 Hammer: Für den Einsatz von Stecheisen wird ein Hammer benötigt. Dieses Universalwerkzeug braucht man auch zum Einschlagen von Nägeln und für andere Arbeiten.

22
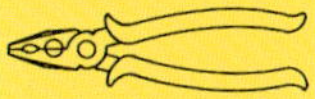

22 Kombizange: Starre Drähte und andere Metallteile lassen sich nur mit Werkzeugen in Form bringen; das Ablängen oder Biegen gelingt problemlos mit der Kombizange.

23
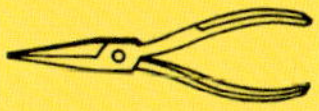

23 Rundzange: Zum Biegen von Ösen ist besser als eine Kombizange eine spezielle Rundzange geeignet, die genaue Rundungen möglich macht.

Vom Baumstamm zum urigen Trog

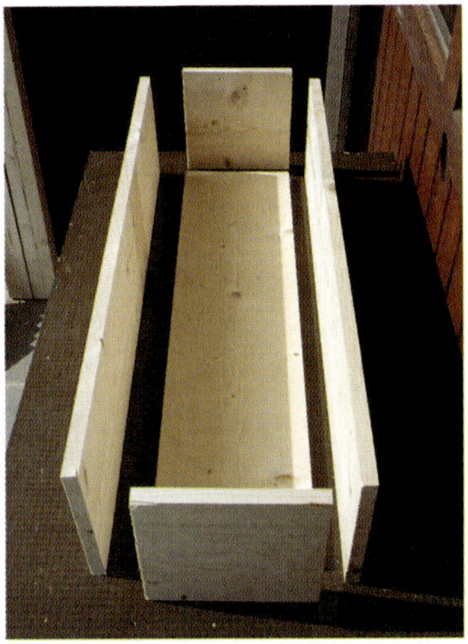

Bretter für den Holzkastenbau

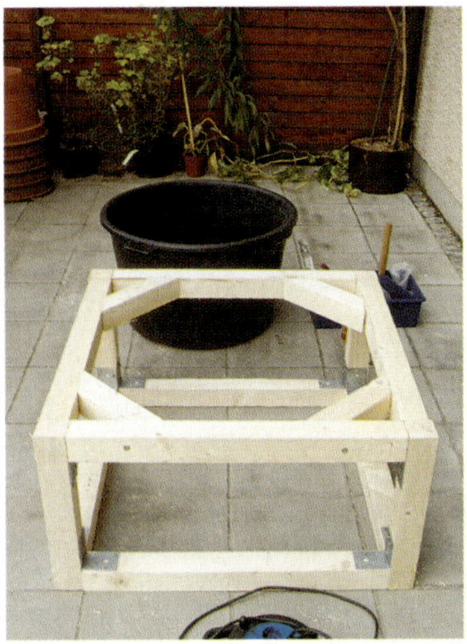

Fertiges Holzgerüst

Als massiver natürlicher Baustoff hat Holz einen großen Nutzen – gerade auch beim Eigenbau von Pflanzgefäßen. Holz lässt sich mit einfachen Mitteln bearbeiten sowie verbinden und ist recht lange haltbar.

Um auf **Imprägniermittel** zu verzichten, wählt man vorzugsweise wetterfeste Holzarten (z. B. Lärche, Eiche) oder man nimmt die Verrottung in Kauf und ersetzt die alten Gefäße beizeiten durch neue.

Für rustikale Holzkästen eignen sich am besten sägeraue **Holzbohlen** vom Sägewerk, die nach dem Zuschneiden mit verzinkten Schrauben oder Nägeln zusammengebaut werden. Eine glatte Oberfläche können die sägerauen Bohlen durch die Bearbeitung mit einem **Elektrohobel** erhalten. Wer sich das Hobeln ersparen möchte, ist mit bereits gehobelten Brettern und Konstruktionshölzern vom Baumarkt gut bedient.

Balkonkasten

Ein einfacher Balkonkasten kommt zustande, indem ein breites Brett (z. B. eine Bodendiele mit 300 cm Länge, 145 mm Breite und 25 mm Stärke) in drei gleich lange Teile (für den Boden, die Frontseite und die Rückseite) sowie zwei kurze Seitenteile zugeschnitten wird. Dazu sind zunächst die Maße von einer vorgefertigten Skizze auf das Holz zu übertragen. Aus einem 300 cm langen Brett lässt sich ein 80 cm langer Holzkasten fertigen.

Sobald die Schnittlinien mit einem Bleistift auf dem Holz markiert sind und das Brett auf einer festen Unterlage fixiert ist (z. B. mit einer Schraubzwinge auf der Werkbank), kann der Zuschnitt der Einzelteile erfolgen.

Dafür genügt eine gewöhnliche Bügel- oder Zimmermannssäge. Eine elektrische Säge erleichtert die Arbeit, insbesondere wenn mehrere Kästen erwünscht sind.

Nach dem Zuschnitt und dem Abschleifen der sägerauen Schnittkanten kann der Zusammenbau erfolgen. Dazu werden die drei langen Brettstücke u-förmig zusammengestellt und mit Schrauben montiert. Danach müssen nur noch die beiden kurzen Seitenteile passend zugeschnitten und links und rechts eingesetzt werden. Nach dem Bohren von Wasserabzugslöchern steht der Kasten zum Bepflanzen bereit.

Auf diese Weise ist für einen Betrag von ca. 8 € ein rustikaler Holzkasten aus kesseldruckimprägniertem Holz zu bekommen.

Holztröge

Mit einfachen Mitteln ist auch der Bau von Holztrögen oder Kübeln möglich. Hohe Tröge oder Kübel kommen zustande, indem die Bretter auf Konstruktionshölzer (z. B. gewöhnliche Latten) geschraubt werden, sodass vier große Holzplatten Form annehmen. Diese vier Fertigteile bilden die Seitenwände des Holzkastens.

Der Kastenboden lässt sich dann aus restlichen Brettabschnitten zusammenfügen und einsetzen. Zwei Metallgriffe, die an den Seitenwänden festgeschraubt werden, ermöglichen später einen problemlosen Transport.

Je nach Zuschnitt der Bretter beziehungsweise der Seitenwände können rechteckige oder würfelförmige Kübel oder Kästen entstehen oder konische Behälter mit schrägen Wänden gebaut werden. Holz bietet sich aber auch vorzüglich zur Verkleidung von Kunststoffkübeln an. So sind die Pflanzen – beispielsweise auch Wasserpflanzen – gut in verrottungsfesten Gefäßen untergebracht. Solche Holzkästen lassen sich passend für jeden beliebigen Kunststoffkübel in verschiedenen Größen und Formen anfertigen.

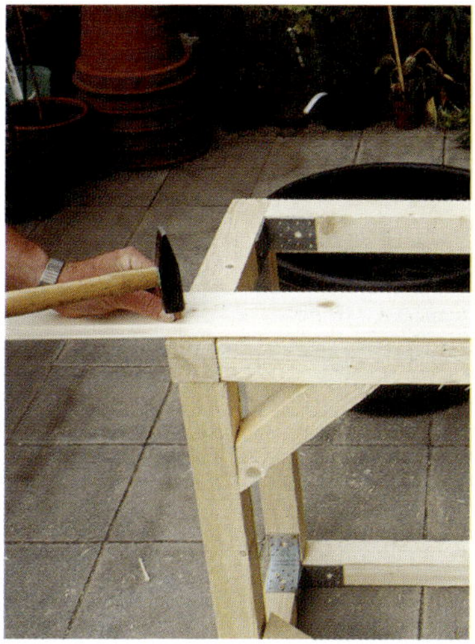

Verkleidung mit Brettern

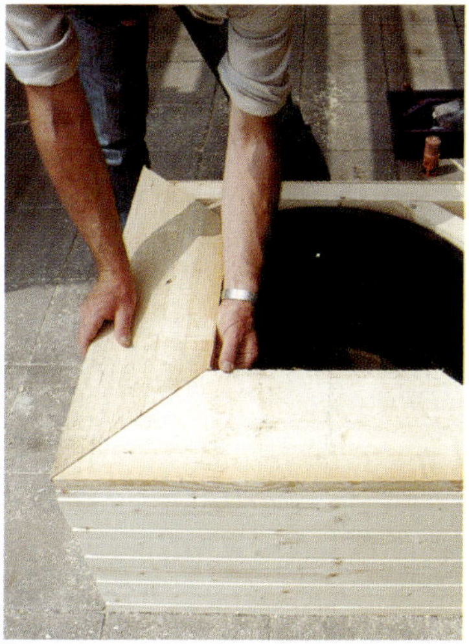

Abschlussbretter einsetzen

Rohholz bearbeiten

Aus Baumstämmen, z. B. aus dem Forst, kann man durch das Aushöhlen mit Hammer und Stechbeitel oder mit der Motorkettensäge urige Tröge bauen. Im Fachhandel sind für solche Holzarbeiten spezielle Beile erhältlich, die eine gewölbte, löffelförmige

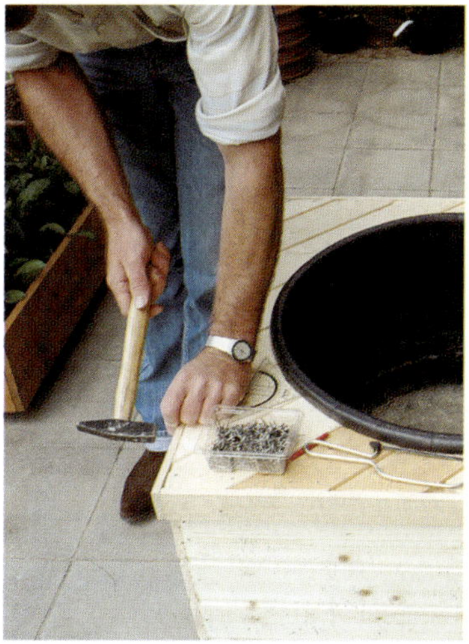

Zierleisten anbringen

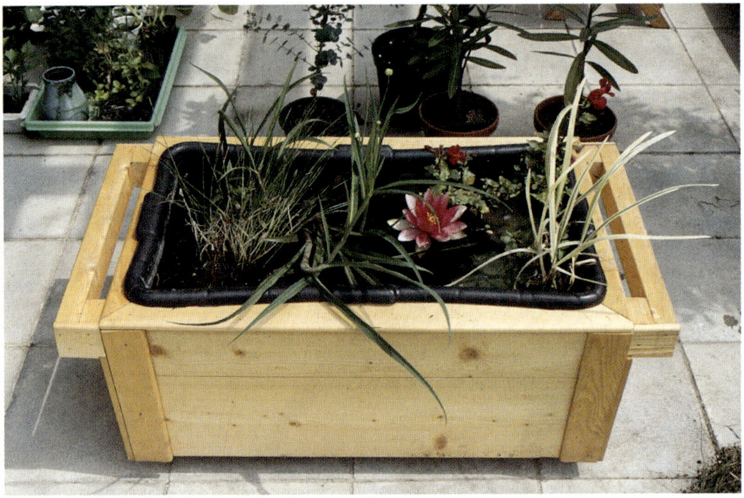

Holzverkleidung für eine Mörtelwanne

Schneide haben. Damit ist das Aushöhlen von Baumstämmen per Hand möglich.

Die mühsame Arbeit lohnt sich beispielsweise, wenn rustikale Holztröge zur Bepflanzung mit alpinen Polsterstauden entstehen sollen. Schneller geht das Aushöhlen mit der **Kettensäge**.

Allerdings erfordert diese Motorsäge besondere Vorsicht, zumal das Kettenschwert bei solchen Arbeiten an den runden Stämmen leicht abgleitet oder durch Äste im Holz verrissen wird.

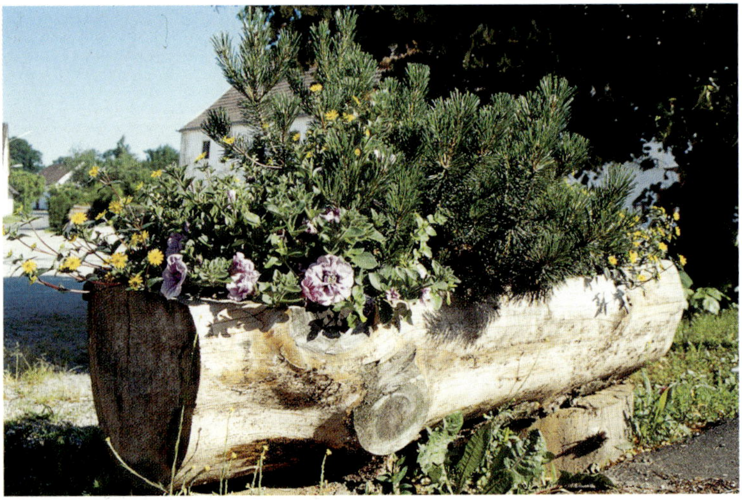

Bepflanzter Holztrog

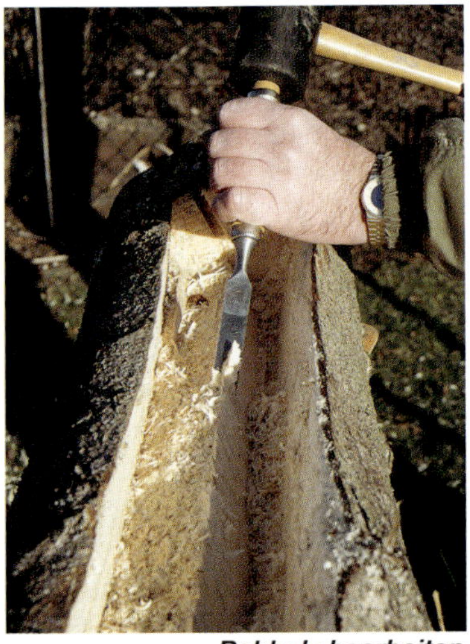

Rohholz bearbeiten

Flechtwerk aus Weiden

Für Pflanzgefäße aus Flechtwerk verwendet man am besten die jungen kräftigen Weidentriebe, die im vorigen Jahr gewachsen sind. Diese **Ruten** können mehrere Meter lang sein. Vor allem wenn die Schnittgutpflanzen jedes Jahr radikal gestutzt werden, bringen sie ungewöhnlich lange Triebe hervor.

Der **Schnitt** ist nach dem Laubfall im Herbst bis kurz vor dem Neuaustrieb im folgenden Frühjahr möglich. Zur Schonung der Mutterpflanzen sollte erst im Spätwinter – etwa vom Januar bis zum Februar – zur Schere gegriffen werden. Dann verheilen die Schnittwunden besser als nach dem Schnitt im Herbst.

Profitipp
Neben Weiden, die es in verschiedenen Rindenfarben gibt, haben sich auch andere Gehölze für Flechtwerk bewährt. So bringen beispielsweise Rotholzhartriegel und Haselsträucher lange elastische Ruten hervor. Sehr dekorativ wirken Flechtarbeiten aus verschiedenen Holzarten in gelben, roten und braunen Farben.

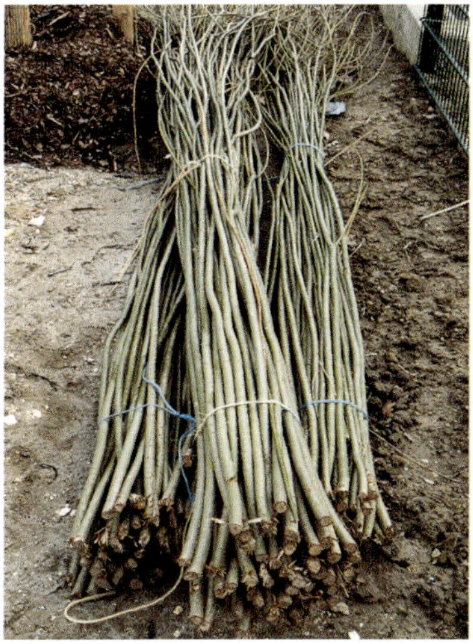

Weidenruten

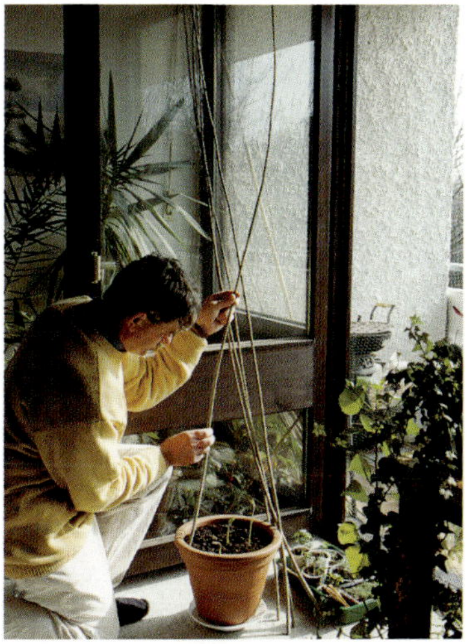

Einstecken der Ruten

Weiden sind aber allgemein sehr schnittverträglich. Sie müssen von Natur aus häufig Verletzungen hinnehmen, zumal das alte Holz sehr brüchig ist. Insbesondere schlenzen die Äste an den Austriebstellen leicht aus.

Zur Schnittgutgewinnung ist eine scharfe Schere nötig. Sie erleichtert die Arbeit und schont die Mutterpflanzen, weil sie glatte Schnittstellen hinterlässt, die zügig heilen. Beim Schneiden sollten besonders störende und zu dicht stehende Triebe entfernt werden.

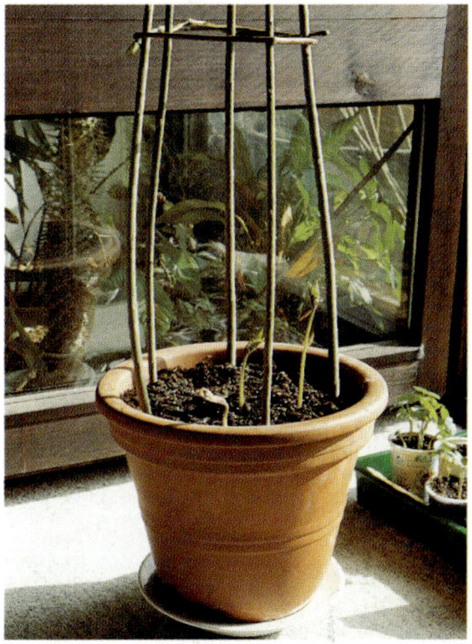

Geflochtenes Grundgerüst

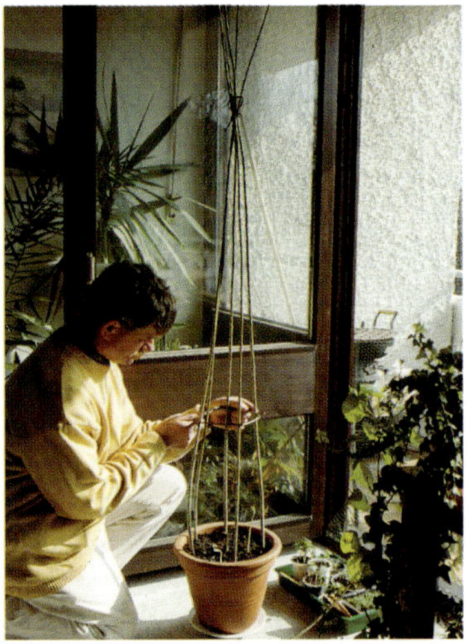

Fast fertige Kletterhilfe

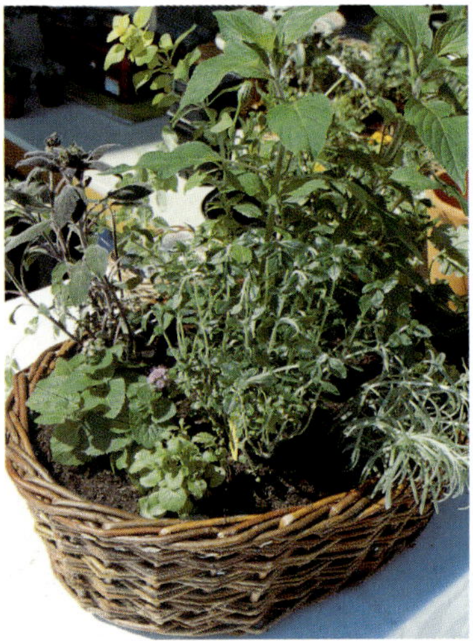

Kräuterkorb aus Weiden

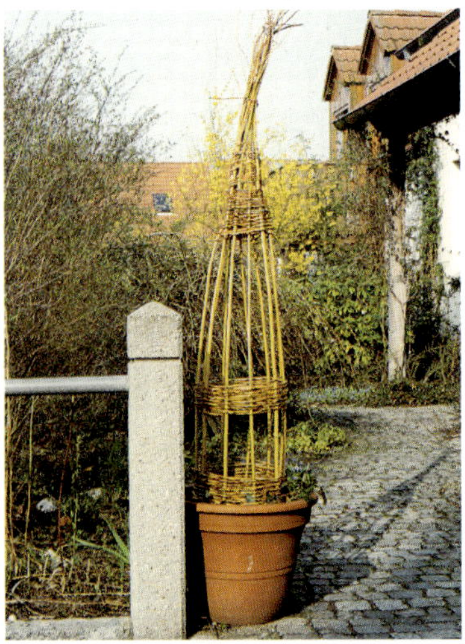

Große geflochtene Kletterhilfe

So lässt sich der Schnitt zugleich zur Gesunderhaltung der **Weiden** nutzen – jedenfalls bei solchen Gehölzen, die naturnah aufwachsen und erhalten bleiben. Bei Kopfweiden, die einen radikalen Rückschnitt aller jungen Jahrestriebe hinnehmen müssen, bleiben nur kurze Stummel mit wenigen Knospen übrig.

Lagerung und Verarbeitung

Die geschnittenen Ruten werden gebündelt und bis zur Verarbeitung kühl und dunkel gelagert. Falls ein lebendes Objekt erwünscht ist (z. B. eine grüne Kletterhilfe im Kübel), empfiehlt sich eine baldige Verwertung. Bei langer Lagerung trocknen die Triebe aus und sind dann nicht mehr austriebsfähig.

Weidenruten, die für **Körbe** vorgesehen sind, lassen sich auch länger lagern. Die jungen Triebe bleiben weiterhin recht elastisch. Falls nötig macht sie das Einweichen in Wasser wieder biegsam.

Profitipp

Kurze Abschnitte von Weidentrieben können zur Vermehrung eigener Schnittgutpflanzen genutzt werden. Etwa scherenlange Weidenhölzchen bilden im Wasser Wurzeln. Die bewurzelten Steckhölzer wachsen dann in Töpfen oder in Gartenbeeten an und entwickeln sich je nach Art zu kräftigen Bäumen oder kleinen Büschen. Zur Schnittgutgewinnung kommen vorzugsweise solche Arten zum Einsatz, die lange kräftige Jahrestriebe bilden. Das können Korbweiden sein oder auch Silberweiden (S. alba), Salweiden (S. caprea) und Reifweiden (S. daphnoides).

Beständiges aus Flusssand und Blähton

Der Baustoff Beton hat gelegentlich einen schlechten Ruf. Dennoch ist das harte graue Universalmittel beim Haus- und Gartenbau unverzichtbar und bei gezielter Verwendung durchaus empfehlenswert – so etwa beim Bau von Fundamenten.

Selbst beim Zusammenbau von Natursteinen oder Ziegeln ist kein besserer Baustoff zum Verfugen zu bekommen. In diesem Fall nimmt man allerdings **Mörtel**. Dieser wird im Unterschied zum Beton nicht mit Kies (oder Flusssand als so genannter Estrichbeton), sondern mit Sand gemischt. Auch beim Mauern von Pflanztrögen dient Mörtel zum Verfugen.

Für die Produktion von Pflanzgefäßen mittels **Schalungen** ist Beton besser geeignet, da er weniger brüchig ist als Mörtel aus Sand.

Statt purem Beton haben sich Mischbetonarten bewährt, die durch geeignete Zusatzstoffe hergestellt werden. Das können vorzugsweise mineralische Baustoffe wie Ziegelsplitt, Lavagranulat oder Blähtonkugeln sein, die gleichermaßen aushärten wie reiner Kies oder Flusssand.

Der Zusatz von organischen Stoffen ist nur begrenzt möglich, da diese den Beton schwächen beziehungsweise die Festigkeit vermindern. Dennoch können dem Beton etwa zu einem Drittel feine Hobelspäne, Sägespäne, Strohhalme oder andere holzige Stoffe beigemengt werden.

Dadurch entsteht **Holzbeton**, der sich farblich von reinem Beton aus Kies abhebt. Bekannt sind beispielsweise Nistkästen aus Holzbeton. Gleichermaßen ist die Anfertigung von Pflanzgefäßen aus diesem Stoff möglich.

Das Mischen des Betons erfolgt entweder in einer Mörtelwanne oder in einer Schubkarre, wenn nur wenig Material – etwa für einen Kübel zum Ausprobieren – nötig ist. Einfacher gelingt die Produktion in einer **Betonmischmaschine**, die leihweise zu bekommen ist oder zum eigenen Gerätesortiment gehört.

Zunächst wird eine geringe Menge Wasser in den Mischbehälter oder in die Betonmischmaschine geschüttet. Darauf folgt die entsprechend bemessene Zementmenge (pro 10 l Wasser ein halber 25-kg-

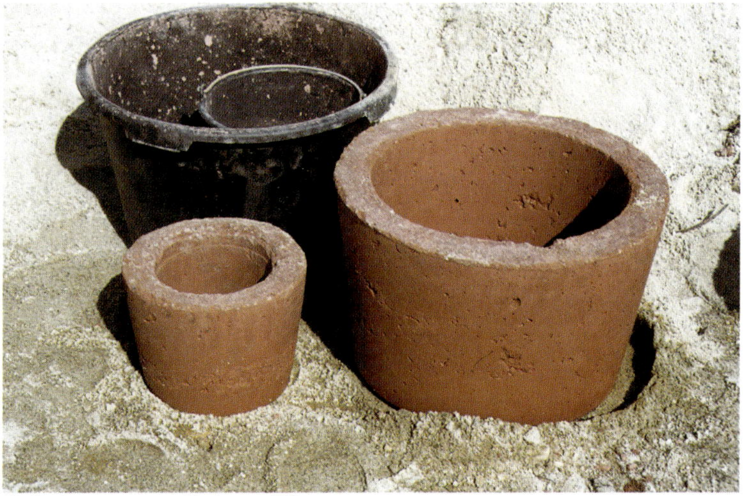

Selbst gegossene Betongefäße

Sack Zement). Beim Durchmischen bildet sich eine Zementschlämme, die jetzt mit den Zusatzstoffen wie dem Kies für puren Beton oder dem Bausand für Mauermörtel vermengt wird. (Für die angegebene Menge aus 10 l Wasser und 12,5 kg Zement sind das ca. zwölf Schaufeln voll.)

Der Anteil an Kies, Sand oder bei Mischbeton an entsprechenden Zusatzstoffen richtet sich jeweils nach dem erwünschten Zustand des Betons.

Für einen zähen, festen Beton wird weniger Wasser verwendet als für einen flüssigen, der sich leichter in eine vorgefertigte Schalung füllen lässt. Gutes Durchmischen fördert die gleichmäßige Verteilung der Zementpartikel.

Sobald die Masse eine einheitlich graue oder bei Verwendung von **Zusatzstoffen** bräunliche bzw. rötliche Farbe hat, ist sie fertig für die Verarbeitung. Falls nötig kann noch Wasser zugegeben werden, wenn die Mischung zu trocken ist.

Umgekehrt lässt sich ein zu nasser Beton oder Mörtel durch Beigaben von Kies bzw. Sand zäher ma-

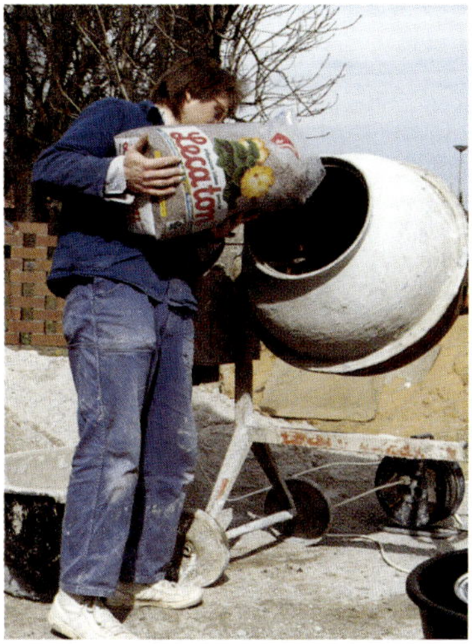

Beton mit Blähton mischen

chen. Dann sind aber auch Zugaben geringer Zementmengen nötig, damit die Festigkeit gewährleistet ist. Allerdings bringt es nichts, den Beton grundsätzlich mit mehr als dem erforderlichen Anteil Zement anzumischen. Er wird dadurch nicht besser.

Baustahlbewehrung

Bei der Herstellung großer Pflanzgefäße aus Beton empfiehlt es sich, zur Stabilisierung kurze Baustahlstäbe in den noch frischen Beton zu stecken. Ebenso ist die **Bewehrung** mit Baustahlgittern oder starrem Maschendrahtgeflecht möglich. Dazu werden passende Stücke mit dem Bolzenschneider oder der Trennscheibe zugeschnitten und vor dem Einfüllen des Betons zwischen die Schalung eingebaut.

Den Boden der Gefäße kann man bewehren, indem man nach dem Einfüllen des Betons auf den Boden der Außenschalung Baustahlstücke in den Beton drückt.

Zu beachten ist, dass die Stahlstäbe oder Gitter völlig vom Beton umschlossen sind, damit sie später nicht rosten.

Profitipp

Die Innenschalung lässt sich leichter lösen, wenn der Mörtel nur einige Stunden angetrocknet ist, sodass er zwar schon beständig, aber noch nicht völlig gehärtet ist. Die Außenschalung sollte vorsichtshalber erst nach einigen Tagen abgenommen werden. Auch das geht recht leicht, wenn man sie vor dem Einfüllen des Mörtels mit Schalöl oder einem billigen Pflanzenöl einstreicht.

Ökotipp
Die leeren Zementsäcke kann man als Altpapier entsorgen, wenn sie gründlich entleert und ausgeschüttelt werden.

Gleichermaßen lassen sich schon beim Gießen der Pflanzgefäße passende Tragegriffe in den frischen Beton einsetzen. Das können beispielsweise verzinkte Stahlbügel oder gebogene Baustahlstäbe sein, die vorher mit Rostschutzfarbe gestrichen wurden.

50-Liter-Kübel
Für die Herstellung eines 50-Liter-Kübels aus Zement, Flusssand und Blähton kann man einen 50-l-Mörtelkübel als Außenschalung und einen 30-l-Baueimer oder Pflanzencontainer für die Innenschalung verwenden. So entsteht eine Wandstärke von ca. 6 cm.

Insgesamt benötigt man dazu ca. 20 l Mörtel (Volumen der äußeren Schalung abzüglich Volumen der inneren Schalung; in diesem Fall 50 l minus 30 l). Diese Menge setzt sich zusammen aus zwei Teilen Zement (also ca. 5 l), drei Teilen Flusssand (also 7,5 l) und drei Teilen Blähton (7,5 l). Hinzu kommt noch etwas Wasser zum Anrühren und eine geringe Menge Farbe.

Sicherheitshalber wird immer etwas mehr Mörtel hergestellt. Falls etwas übrig bleibt, lässt sich damit eventuell noch ein kleinerer Betonkübel gießen.

Im Übrigen lohnt sich die Herstellung eigener Kübel insbesondere bei einer größeren Stückzahl.

Dazu braucht man ohnehin wenigstens einen Sack Zement, etwa eine Schubkarre voll **Flusssand** und einen Sack **Blähton** (vorzugsweise vom Baustoffhandel, weil der spezielle Blähton für Hydrokulturpflanzen wesentlich teurer ist).

Statt Blähton eignet sich auch **Perlite** oder ein anderer leichter mineralischer Baustoff.

In der Praxis misst man die Baustoffe mit der Schaufel ab. Bei einem Mischungsverhältnis von 2:3:3 kommen zwei Schaufeln Zement auf drei Schaufeln Flusssand und drei Schaufeln Blähton (bzw. Perlite) und dazu entsprechend Wasser und Mörtelfarbe.

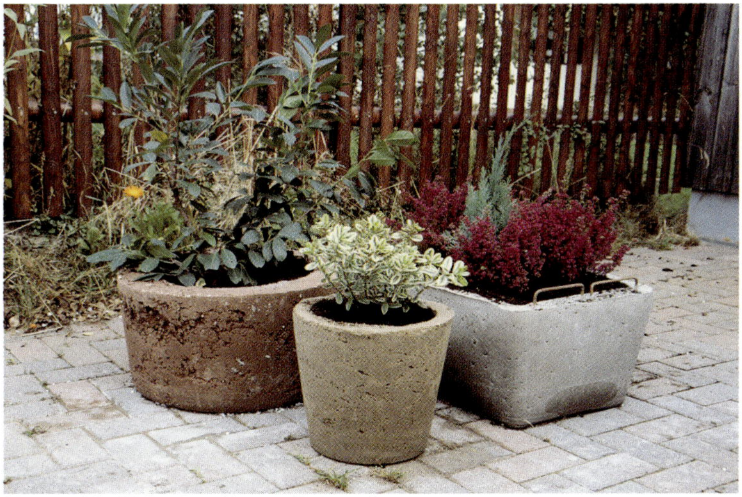
Unterschiedliche, bepflanzte Betontröge

Töpfern leicht gemacht

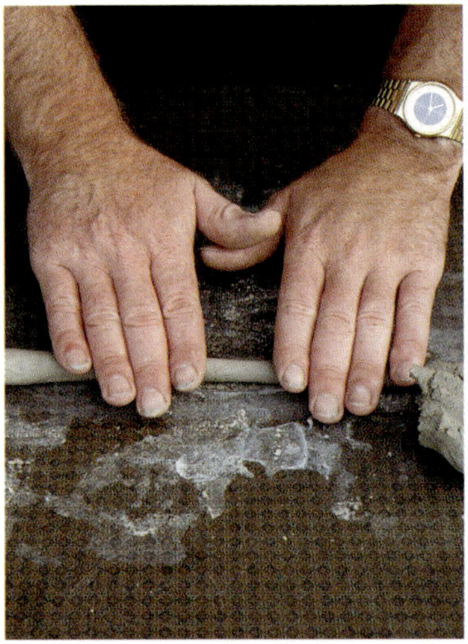

Tonwürste ausrollen

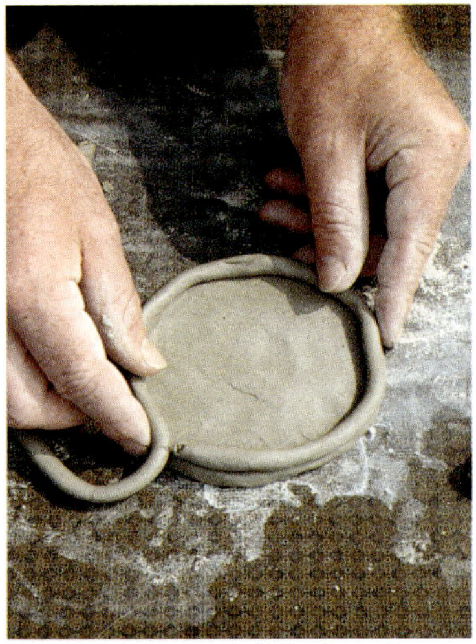

Wände aufbauen

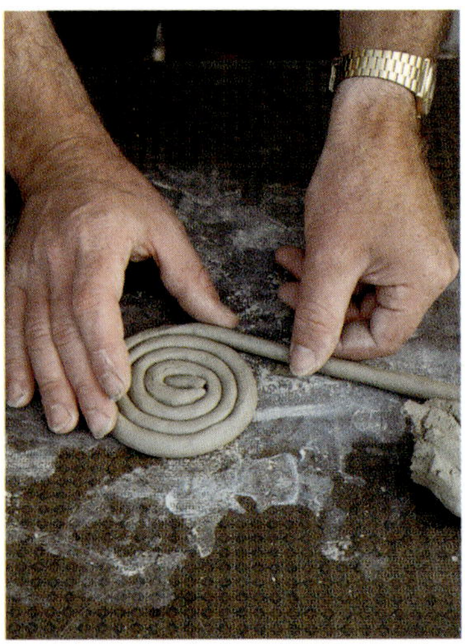

Boden formen

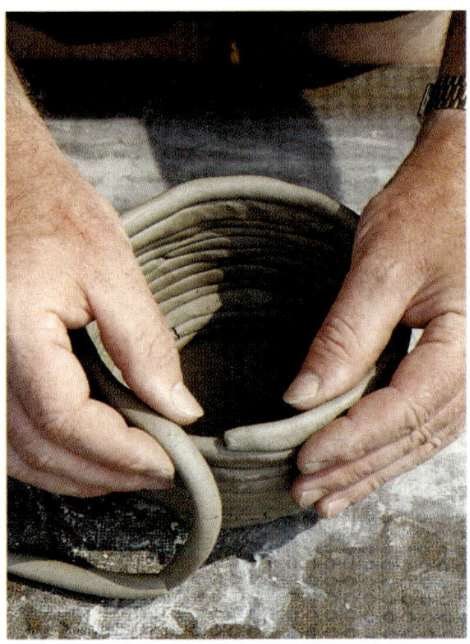

Fast fertige Wandung

Töpferton ist in vielen Regionen in unterschiedlichen Qualitäten erhältlich. Dort wo z. B. Dachziegel oder Ziegelsteine hergestellt werden, gibt es auch Tongruben, aus denen auf Anfrage kleine Mengen zum Töpfern zu bekommen sind.

Ton lässt sich ohne besondere Mittel kneten und formen, erfordert zur Festigung allerdings eine hohe Temperatur. Das gilt insbesondere für frostfeste Gefäße. Das Brennen der Töpfe ist deshalb nur in einer Ziegelei oder einer Töpferei möglich. Denn dort sind spezielle **Öfen** eingerichtet.

Beim Töpfern muss die Möglichkeit zum Brennen gesichert sein, denn die Rohlinge aus ungebranntem Ton sind wertlos oder allenfalls für Zimmerpflanzen geeignet.

Gewöhnlich sind die Töpfereien gerne bereit, gegen einen geringen Unkostenbeitrag einige Gefäße in ihren Brennöfen unterzubringen, wenn sie nicht voll ausgelastet sind.

Als Techniken zum Töpfern bieten sich z. B. die **Aufbautechnik** mit gekneteten, gewalzten »Tonwürsten« oder die **Plattentechnik** mit gewalzten Tontafeln an. Der Ton muss dabei gut durchgeknetet werden, damit er sich anschließend leicht ausrollen lässt.

Bei der Aufbautechnik kommt zunächst der Boden an die Reihe, indem man eine Schnecke formt. Die Schnecke wird dann verstrichen, sodass eine glatte, runde Tonscheibe entsteht. Darauf wird nun eine Tonrolle nach der anderen aufgebaut, bis das Gefäß die gewünschte Höhe hat.

Zu beachten ist, dass die Rollen gleich dick sind. Außerdem müssen die einzelnen Lagen gut verstrichen werden, damit keine Luftlöcher bleiben. An diesen Stellen würde das Gefäß eventuell beim Brennen reißen. Nach dem Aufbauen muss das Gefäß an der Luft trocknen, dann kann es schließlich – falls erwünscht glasiert – und gebrannt werden.

Eine gute Verarbeitung, vor allem das Verstreichen aller Löcher und Verbindungsstellen, ist auch bei der Plattentechnik wichtig. Denn sonst brechen die Gefäße beim Brennen auseinander. **Töpferkurse** sind empfehlenswert, zumal diese Art der Gefäßherstellung Geschick und Übung erfordert.

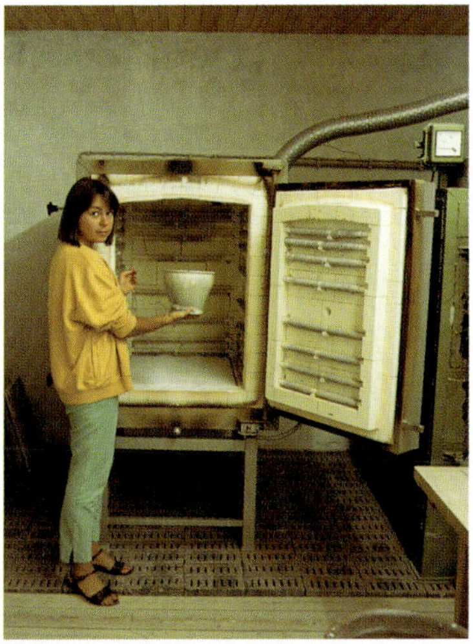

Brennofen in der Töpferwerkstatt

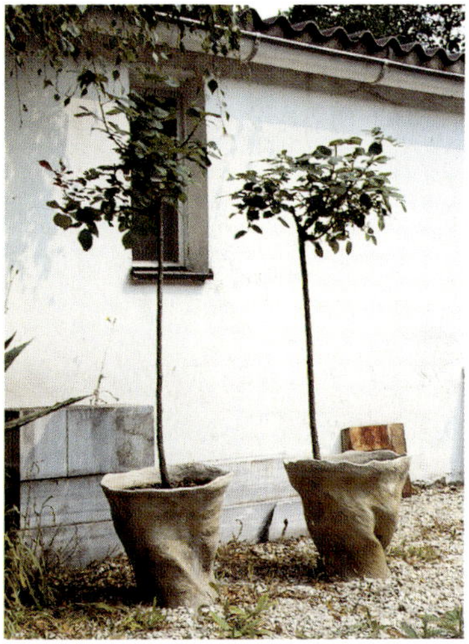

Selbst gestaltete Tontöpfe

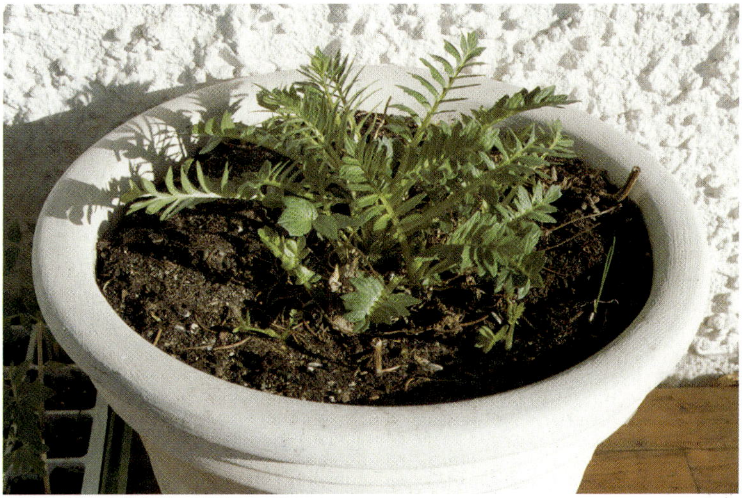

Weiß gestrichener Tontopf

Blech und Stahl in Pflanzgefäßen

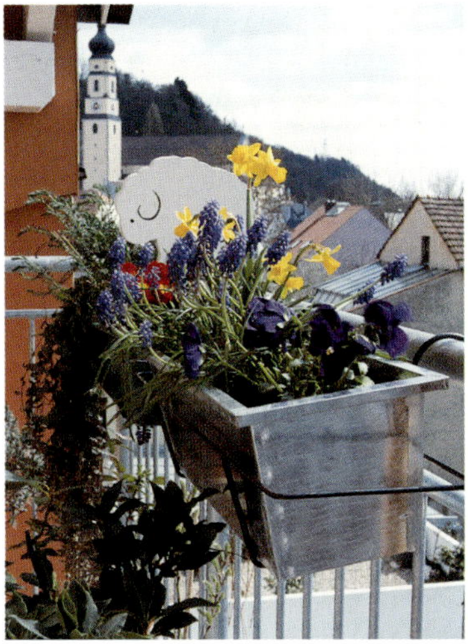

Balkonkasten aus Metall

Beim Bauen von Pflanzgefäßen können Metalle sowohl für die Gefäße selbst (etwa in Form von Balkonkästen aus verzinktem Blech), als auch für Befestigungselemente nützlich sein. Für die Bearbeitung von Metallen sind spezielle Werkzeuge nötig.

Das sind einfache Handwerkszeuge wie eine **Kombizange** zum Abtrennen von Drähten oder ein **Bolzenschneider** zum Zerteilen von Baustahlstangen, aber auch Elektrogeräte wie ein **Schweißapparat**, der etwa zum Verschweißen von Stahlblechen und Rohren benötigt wird, oder ein **Winkelschleifer** (»Flex«) zum Durchtrennen von Stahlbauteilen.

Besondere Arbeiten bleiben Fachbetrieben vorbehalten, die mit speziellen Maschinen ausgerüstet sind. Dazu gehören etwa Falzmaschinen für das winklige Umbiegen von Blechen oder Stanzmaschinen zum Ausschneiden gleichförmiger Blechstücke. Das Bohren, Sägen oder Montieren von Metallteilen ist wiederum mit gebräuchlichen Geräten machbar, die jeder Heimwerker im Magazin hat.

Grundsätzlich ist die Metallbearbeitung schwieriger als etwa das Zurichten von Holzbauteilen oder Kunststoffen. Beim Metallbau gibt es nur geringe Toleranzen, das heißt, für exakte Konstruktionen sind genaue Schweißungen, Bohrungen, Verschraubungen und dergleichen erforderlich – je nach Arbeit und Werkstück. Der Bau von Balkonkästen aus Blechen oder aus Schmiedeeisen ist deshalb nur eine Angelegenheit für geübte Metallbauer.

Pflanzenfreunde mit handwerklichem Geschick kommen besser mit einfachen Metallarbeiten zu-

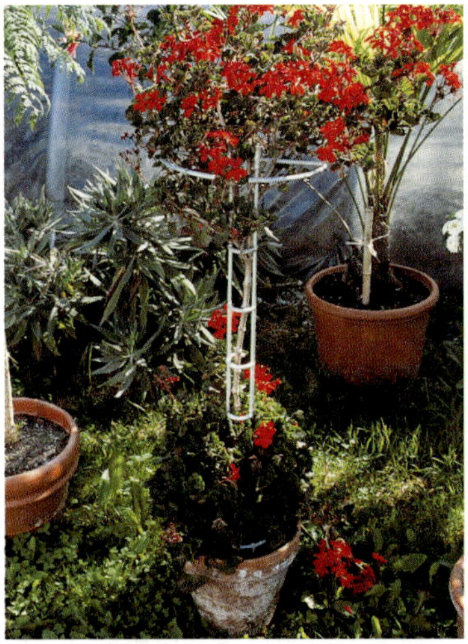

Pelargonien mit Metallstütze

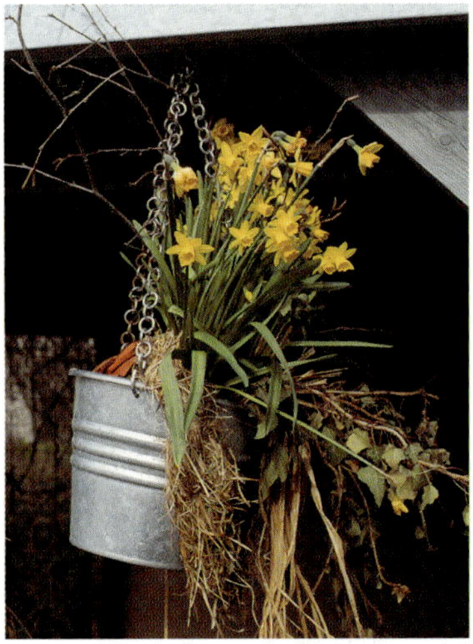

Blecheimer als Blumenampel

recht. Das kann das Anfertigen von Hängekörben aus Draht sein oder das Umfunktionieren von Blechkübeln zu Pflanzgefäßen.

Allerdings sind die Dienste der Handwerksbetriebe für eigene Produktionen durchaus nützlich: Im Auftrag fertigen Schlossereien beispielsweise Kübel oder Kästen aus Blechen in speziellen Maßen an. Vor solchen Sonderanfertigungen empfiehlt es sich jedoch, die Preise mit handelsüblichen Produkten zu vergleichen.

Industrieprodukte nutzen

Andererseits besteht die Möglichkeit, bereits vorgefertigte Industrieprodukte aus Metall für Eigenbauten zu nutzen. Das können etwa Aluwinkelprofile sein, die sich für den Rahmenbau von Balkonkästen eignen.

Solche Profile sind in verschiedenen Formen, Längen und Stärken in Baumärkten zu bekommen. Der Zuschnitt, die Bohrung und das Montieren kann zu Hause mit herkömmlichen Geräten bewerkstelligt werden. Ebenso lassen sich gebräuchliche Baustähle zur Bewehrung von Betontrögen herrichten oder **Metallgitter** für Körbe zurechtbiegen.

Sicherheitstipp

Beim Zuschnitt von Baustahl, Winkelprofilen und anderen Metallteilen bleiben oft scharfe Grate an den Schnittkanten stehen. Diese äußerst gefährlichen Ränder müssen vor dem Transport oder der Weiterverarbeitung z. B. mit dem Winkelschleifer entfernt werden, um Verletzungen oder Beschädigungen am Fahrzeug zu vermeiden.

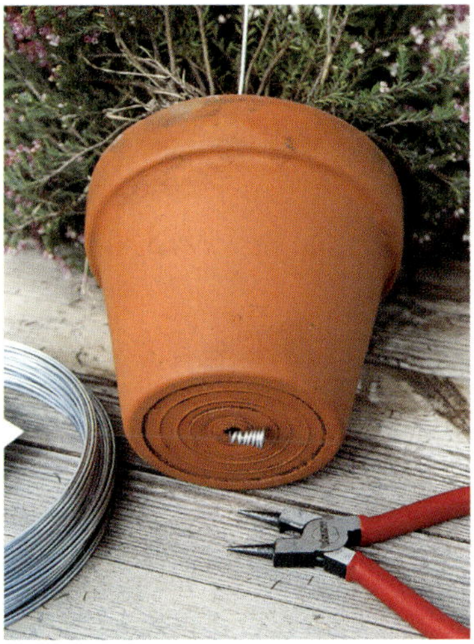

Tontopf mit Draht befestigen

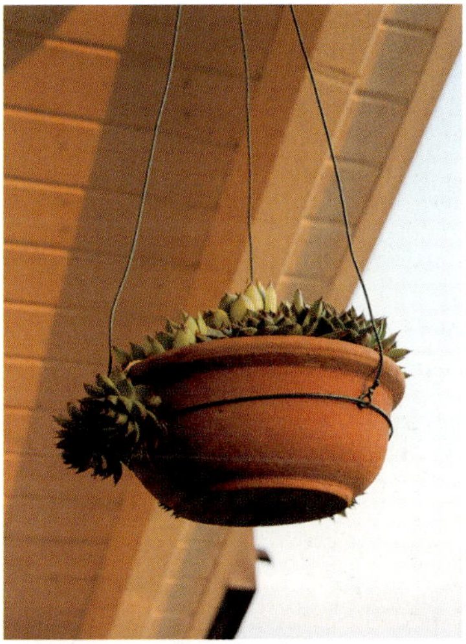

Blumenampel mit Draht

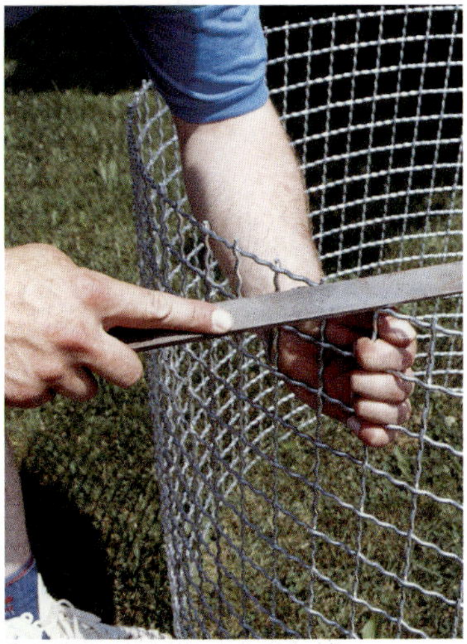

Schnittstellen entgraten

Folien und Kunststoffbecher nutzen

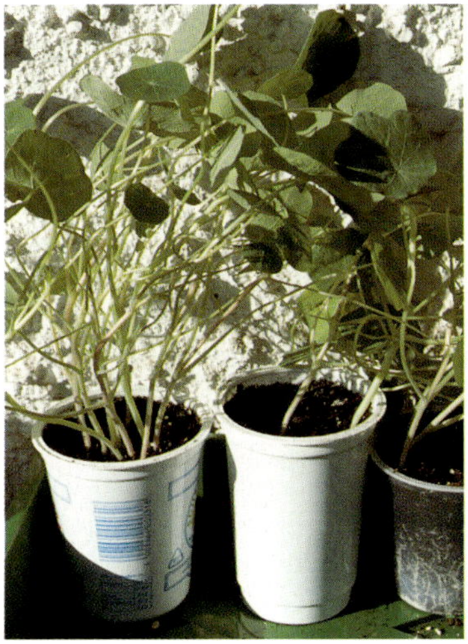

Joghurtbecher als Töpfe

Von allen Baustoffen, die zur Herstellung von Pflanzgefäßen dienen, sind Kunststoffe am einfachsten zu bearbeiten. So lassen sich Container aus **Polypropylen**, Kästen aus **Polyethylen**, Folien aus **Kautschuk** oder Vliese aus **Acrylfasergewebe** mit herkömmlichen Werkzeugen sägen, bohren oder schneiden.

Bohrungen sind beispielsweise nötig, wenn gewöhnliche Baueimer oder Mörtelwannen als Pflanzgefäße genutzt werden. Einen Zuschnitt erhalten Folien und Vliese, die zum Auskleiden von Holzkästen gebraucht werden. Dazu genügt ein Taschenmesser oder eine Haushaltsschere.

Während das Zuschneiden von Folien und Kunststoffgefäßen keine Probleme macht, ist die Verbindung – beispielsweise von Folien – durch »Verschweißen« schwieriger zu bewerkstelligen. Dazu gibt es spezielle **Klebefolien** oder Kleber. Diese müssen mit Heißluft aufgetragen oder unter Druckeinwirkung (z. B. durch Beschweren mit einem Gewicht) zum Verbinden gebracht werden.

Haltbare, schadstofffreie Kunststoffe haben sich vielfach im Gartenbau bewährt. Allerdings sind sie weniger ansehnlich als Naturbaustoffe wie Holz oder Natursteine. Sie sollten deshalb möglichst unauffällig wirken oder noch besser völlig verdeckt werden.

Dünne, elastische Folien lassen sich leichter in kleine Holzkästen einlegen als dicke Folien, die weniger anschmiegsam sind. Das können beispielsweise schwarze **Mulchfolien** sein. Zum Auskleiden wasserdichter Gefäße für Wasserpflanzen sind wiederum ausreichend dicke und haltbare Folien nötig. Dazu dienen spezielle **Teichfolien**.

Alte Becher nutzen

Neben neuen Kunststoffprodukten bieten sich auch ausgediente Behälter als Pflanzgefäße an. So haben Sahnebecher, Obstschalen oder Gemüsebehältnisse noch einen Nutzen als **Anzuchtgefäße**. Dazu müssen sie nicht bearbeitet werden.

Wenn solche Behälter keine Löcher am Boden haben, kommt es jedoch leicht zu Gießfehlern. Besser ist es deshalb, Wasserabzugslöcher einfach mit einem Messer oder einem Nagel einzustechen.

Ökotipp

Zum Einsatz als Holzschutz in Balkonkästen oder auch in Form selbstständiger Kübel und Tröge eignen sich vorzugsweise Produkte aus schadstofffreien Kunststoffen wie PP (Polypropylen) oder PE (Polyethylen). Allerdings haben nur verrottungsfeste Folien und Festkörper aus Kunststoff einen Wert als Pflanzgefäße.

Wasserversorgung für Kübelpflanzen

Wasser ist für alle Pflanzen lebenswichtig, natürlich auch für Balkon- und Kübelpflanzen. Für einen Balkonkasten sind – je nach Pflanzenart – an einem heißen Sommertag bis 10 l Wasser nötig. Die Gewächse bekommen es per Gießkanne, aus Tanks oder durch Leitungssysteme.

Selbstversorger

Im Fachhandel sind verschiedene bewährte Systeme erhältlich. Zumeist leiten sie das Gießwasser aus einer zentralen Sammelstelle – das kann etwa eine **Regenwasser-Zisterne** oder das öffentliche Trinkwassernetz sein – mittels Schlauchleitungen über Tropfer direkt zu den Pflanzen. Die Steuerung übernimmt eine **Zeitschaltuhr** (»Bewässerungscomputer«), die sich je nach Wetter und Bedarf regeln lässt.

Alternativ wird die Bewässerung von **Ventilen** reguliert, die Bodenkontakt haben und bei Trockenheit den Zufluss auslösen. Das können z. B. Tonkegel, Quellhölzchen oder Magnetventile sein, die das Wasser so lange laufen lassen, bis die Erde durchfeuchtet ist. Solche Systeme sind natürlich den Zeitschaltuhren überlegen, da sie auch die natürlichen Niederschläge berücksichtigen und nur bei Bedarf gießen.

Wasserleitung

Das einfachste »System« besteht in einem Eimer Wasser und einer saugfähigen Schnur (z. B. Glasfaserdocht). Diese hat Bodenkontakt und zieht bei Trockenheit Wasser aus dem Eimer. Er muss aber höher stehen als der Pflanzbehälter, damit das Wasser leicht läuft.

Ähnlich funktionieren Tropfer oder Tonkegel, die das Wasser durch dünne Schläuche anziehen. Bei umfangreicheren Anlagen ersetzt ein Wassertank den Eimer. Dieser lässt sich mit einem einfachen Regensammler an das Fallrohr anschließen. Das ist aus ökologischen Gründen günstig und auch, weil sich weiches warmes Regenwasser ideal zum Gießen eignet.

Kästen mit Tanks

Wo Leitungen stören oder unerwünscht sind, ist die Wasserversorgung aus eingebauten **Tanks** möglich. Jeder Kasten hat dabei einen eigenen Wasserspeicher. Dieser kann in einem doppelten Boden oder einem seitlichen Behälter integriert sein.

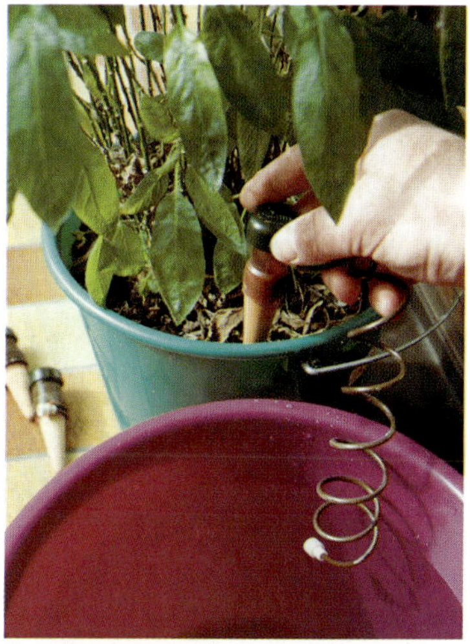

Bewässerung mit Tonkegel

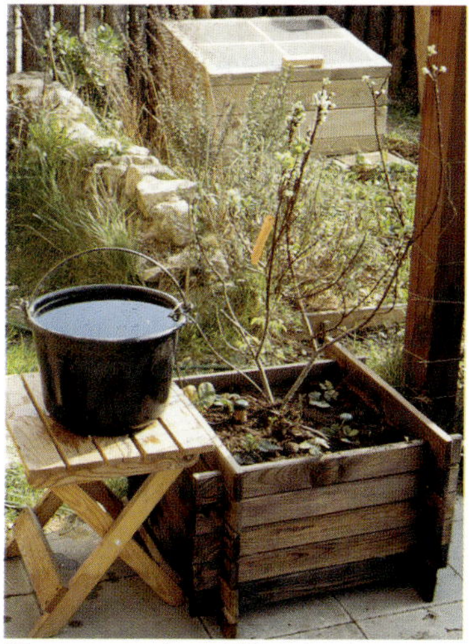

Wasservorrat am Pflanzkasten

Stellage mit Blumenkasten

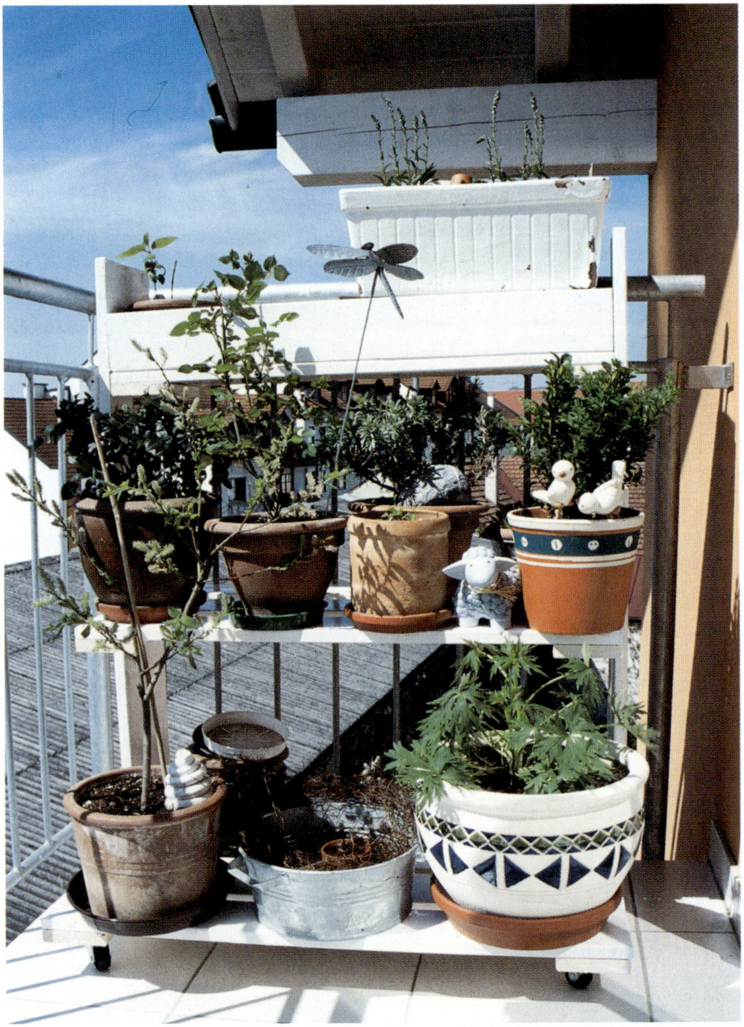

Eine Blumentreppe bietet Platz für viele Pflanzen

Material

Bretter, Schrauben, Möbelrollen, Farbe.

Werkzeug

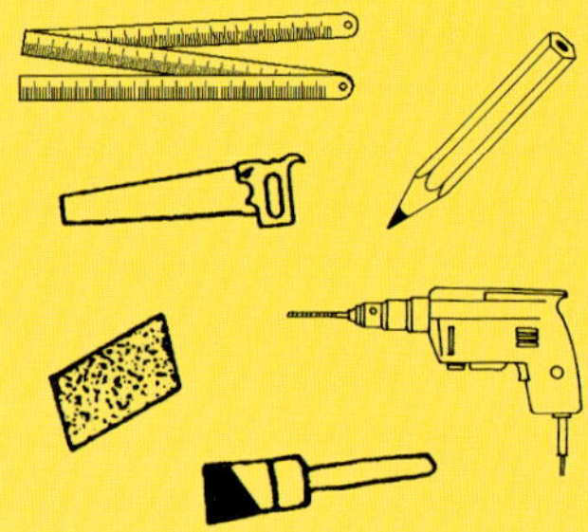

Schwierigkeitsgrad

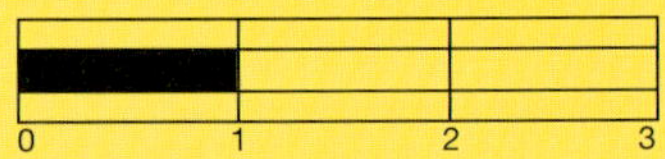

Kraftaufwand

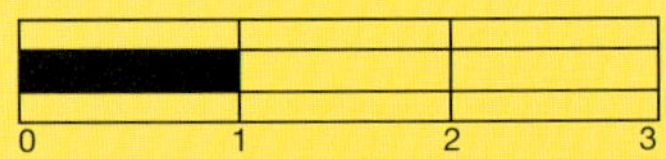

Arbeitszeit

Sie brauchen etwa 5 Stunden für den Zuschnitt und den Zusammenbau dieses Pflanzenmöbels.

Ersparnis

Durch Eigenleistung sind etwa 50 € zu sparen.

Der geringe Platz auf dem Balkon sollte optimal genutzt werden. Dazu bieten sich einfache Blumenbänke an, die sich mit wenigen Bauteilen und ohne großen Aufwand selbst machen lassen.

Eine Blumentreppe bietet Platz für viele verschiedene Pflanzentypen. Überhängende Arten eignen sich für die oberen Etagen, da sie dann ihre Triebe ungehindert entfalten können. Große Blattpflanzen, die mehr Raum zum Aufwachsen brauchen, stehen besser auf einem tieferen Standort oder auf dem Bodenbrett.

Zwischen den Pflanzen sind Lücken für Bewässerungsgeräte oder schöne Gestaltungselemente frei. Eine geräumige Blumentreppe kann zudem Pflanzsubstrate, Töpfe und weitere Utensilien aufnehmen, die ihr zusätzliche Standfestigkeit geben.

Auf Möbelrollen bleibt sie dennoch leicht beweglich. Das fertige und später reichlich bestückte Pflanzenmöbel lässt sich jederzeit umstellen. Es kann bei Bedarf beispielsweise als Raumteiler zwischen zwei Balkonen dienen oder als Standort für Jungpflanzen, die am Tag einen Platz an der Sonne brauchen und in kühlen Nächten ein geschütztes Quartier im Haus.

Die Rollen sind auch während der Saison im Freien nützlich, wenn empfindliche Zimmerpflanzen an heißen Sommertagen Schatten brauchen oder wenn ein warmer Sommerregen die Blätter waschen soll. Dann lässt sich das fahrbare Möbelstück einfach unter einem Dachvorsprung platzieren beziehungsweise an eine Stelle rollen, die der Regen erreicht.

Die Planung richtet sich nach dem vorhandenen Balkon oder nach der freien Fläche auf der Terrasse oder an einem anderen Standort, der dafür vorgesehen ist. Für die Umstellung vom Haus ins Freie müssen natürlich die Türen beachtet werden. Das Möbelstück sollte möglichst ungehindert nach draußen oder drinnen zu befördern sein. Es darf nicht zu breit gebaut werden und muss sich noch rangieren lassen.

Zu beachten ist auch das Gewicht, das sich nach dem Aufladen der Pflanzen ergibt: Beim Aus- oder Einräumen durch eine Fenstertüre bleibt das Hochheben nicht erspart. Die Bodenfreiheit richtet sich nach dem Fenstertürrahmen oder Türstock, der zu überwinden ist. Damit die voll beladene Blumentreppe nicht auf dem Rahmen aufsitzt, sollten unbedingt ausreichend große Rollen oder Räder montiert werden.

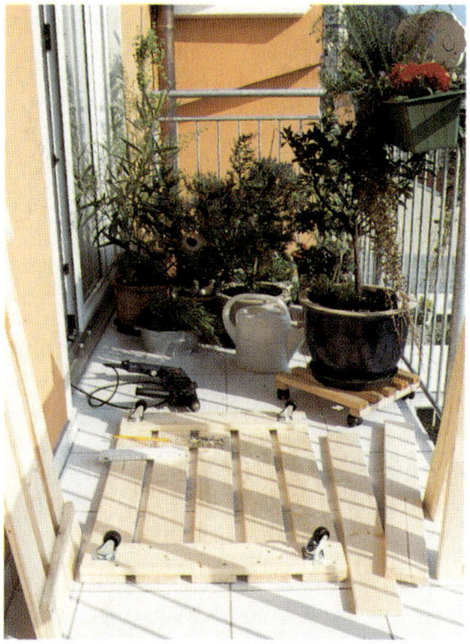

1

1 Zunächst wird die Größe festgelegt. Dementsprechend besorgt man das Baumaterial. Die gehobelten Bretter aus dem Baumarkt werden zu Hause anhand einer Skizze auf die passende Länge zugeschnitten. Das kann mit einer gewöhnlichen Bügelsäge oder mit

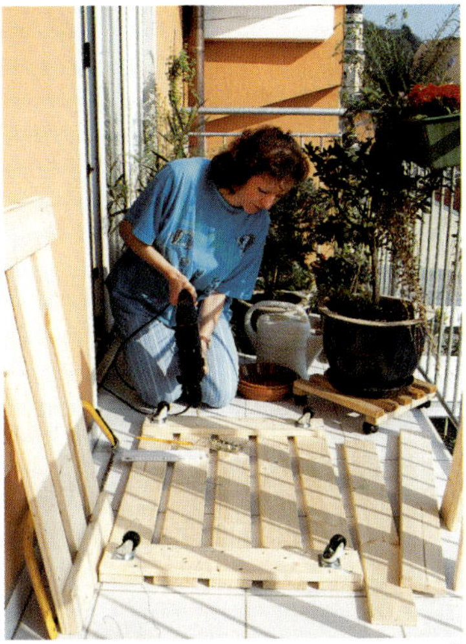

2

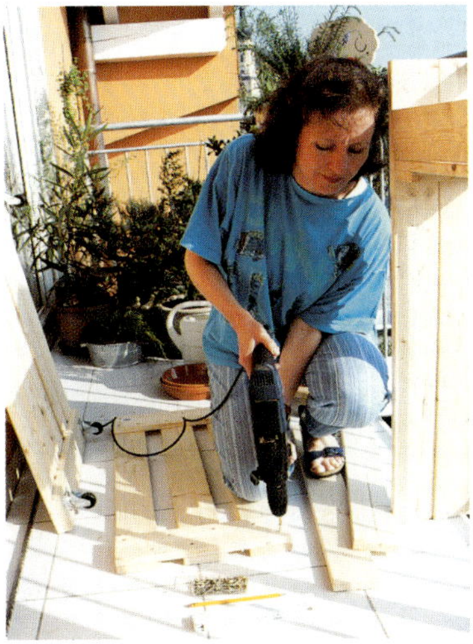

4

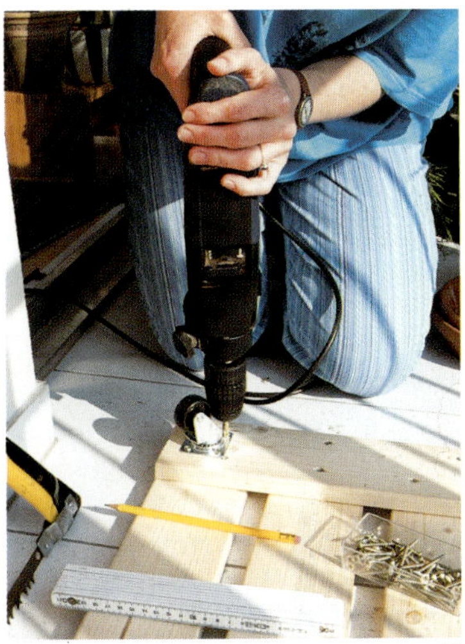

3

einer elektrischen Stichsäge oder **Kreissäge** erfolgen. Nach dem Zuschnitt ist die Behandlung der sägerauen Kanten mit Schleifpapier möglich.

2 Als erstes Teil wird die Bodenplatte montiert. Dazu dienen Holzschrauben, die sich mit dem Bohrschrauber eindrehen lassen. Eine stabile Platte kommt zustande, indem die Bretter auf einer ebenen Unterlage ausgelegt und nach dem Ausrichten der Abstände mit zwei hölzernen Querstreben verschraubt werden.

3 Die Rollen lassen sich sofort oder auch später noch an der Bodenplatte befestigen. Sie machen die fertige Blumenbank beweglich. Die Auswahl der Möbelrollen richtet sich nach dem Standort. Auf einem Balkon mit Fliesenbelag genügen kleine Rollen. Bei unebenen Terrassenbelägen laufen größere Rollen leichter.

4 Auf dieselbe Weise wie die Bodenplatte entstehen die weiteren Stufen, die aber nach oben hin

Profitipp

Es erleichtert später die Ausstattung der Blumenbank, wenn sich die Größe nach Normmaßen richtet. Bei einer Breite von 80, 100 oder 120 cm lassen sich beispielsweise gewöhnliche Untersetzer aus Kunststoff als Einlagen nutzen. Bei geschlossenen Treppenstufen, die mit Brettern eingefasst und als Kastenelemente gebaut sind, kann auch Teichfolie zum Auskleiden dienen. Zu beachten ist die Standfestigkeit. Die Treppe muss unten erheblich tiefer (breiter) sein als oben, damit sie kippsicher steht.

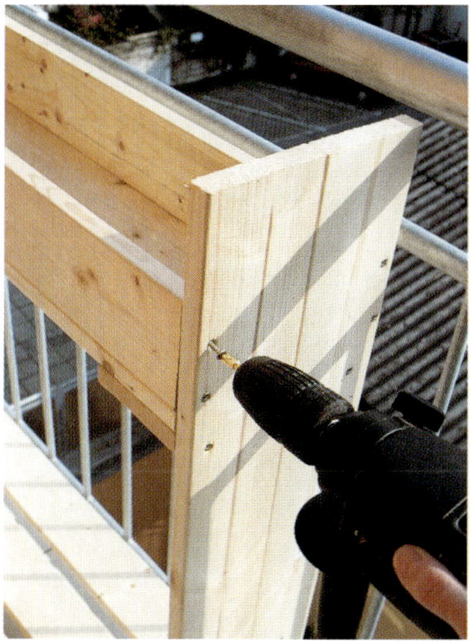

5

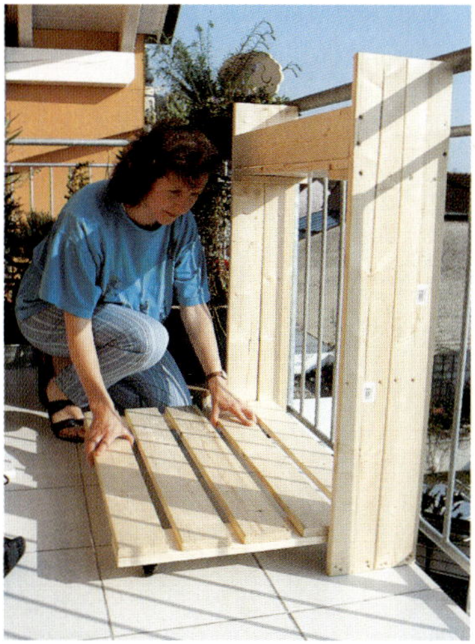

6

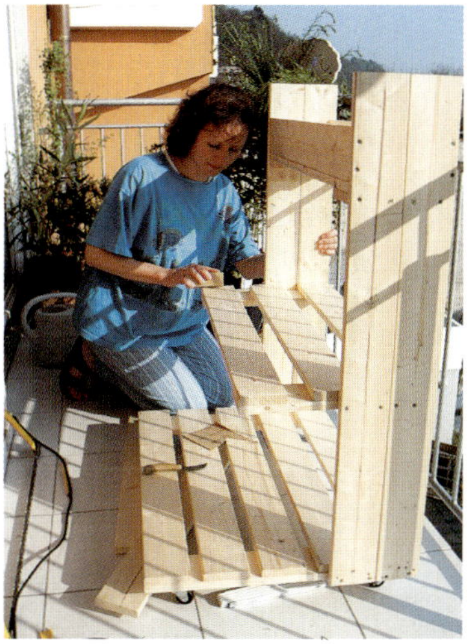

7

schmaler zu gestalten sind. Die Abstände zwischen den Brettern ermöglichen später den erforderlichen Wasserablauf.

Sie richten sich nach der Größe der Blumentöpfe, die platziert werden. Falls nötig lassen sich die Bretter auch mit geringeren Zwischenräumen befestigen.

5 Die Stufen brauchen einen Rahmen als Halterung. Dafür genügen beiderseits zwei Holzrahmenteile, die aus denselben Brettern geschaffen werden. Die oberste Stufe kann aus nur einem Brett bestehen, das zwischen die senkrechten Rahmenteile eingesetzt wird.

Sie ist aber – wie hier – auch als geschlossener Kasten realisierbar. Dazu genügt es, vorne und hinten ein Brett einzusetzen. Dieser geschlossene Kasten steift den Rahmen aus und gibt der Blumentreppe zusätzliche Stabilität.

6 Sobald die oberste Stufe zwischen den senkrechten Seitenbrettern montiert ist, kann der weitere Ausbau erfolgen. Die bereits

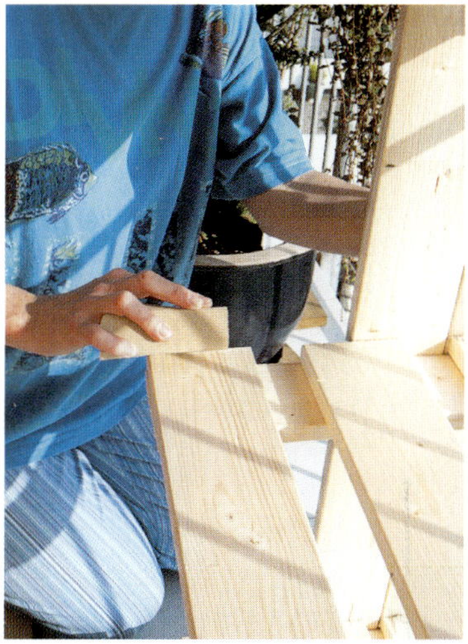

8

Darauf können Sie bauen!

COMPACT PRAXIS »do it yourself«

- Jeder Band mit über 200 Abbildungen und instruktiven Bildfolgen – alles in Farbe.
- Übersichtliche Symbole für Schwierigkeitsgrad, Kraftbedarf, Zeitaufwand u.v.m. – alles auf einen Blick.
- Anwenderfreundliche Komplettanleitungen für alle wichtigen Heimwerkerarbeiten – keine schmalen Einzelthemen.
- Mit besonders hervorgehobenen Sicherheits-, Profi- und Ökotipps.

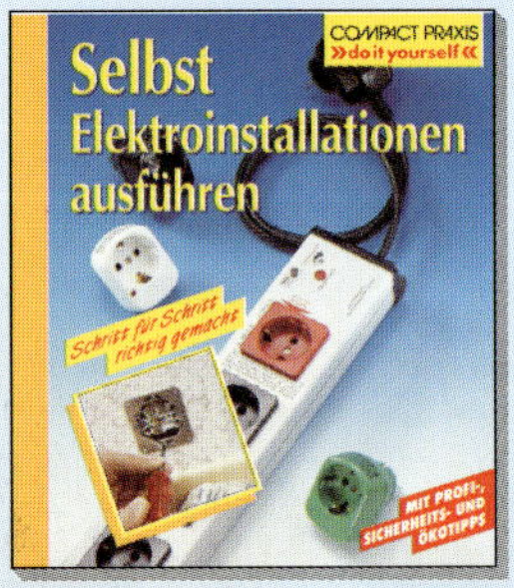

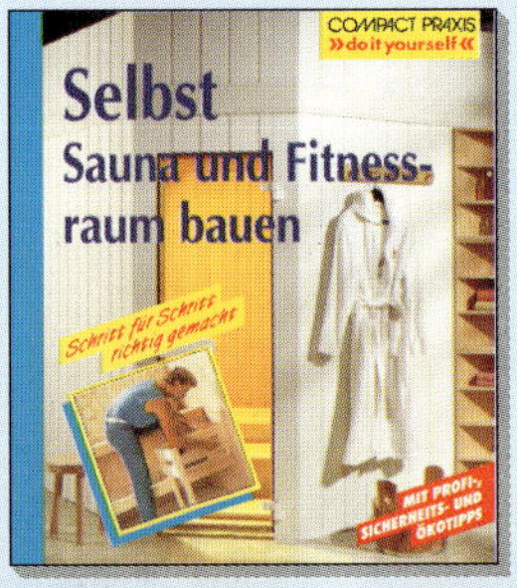

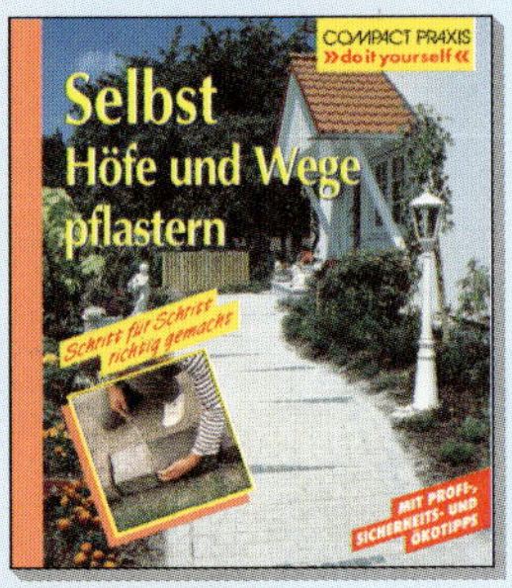

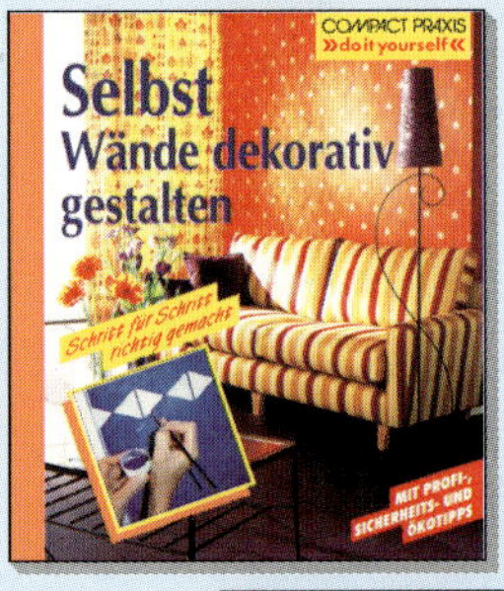

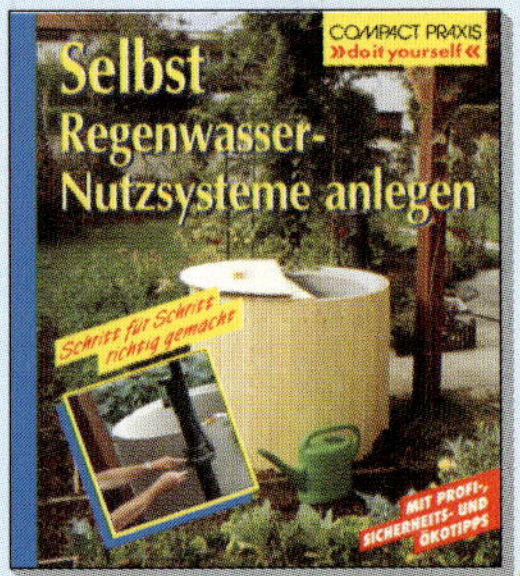

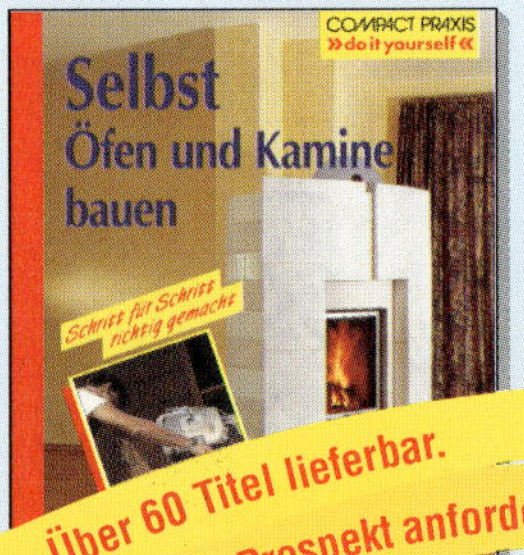

Über 60 Titel lieferbar.
Bitte DIY-Spezial-Prospekt anfordern!

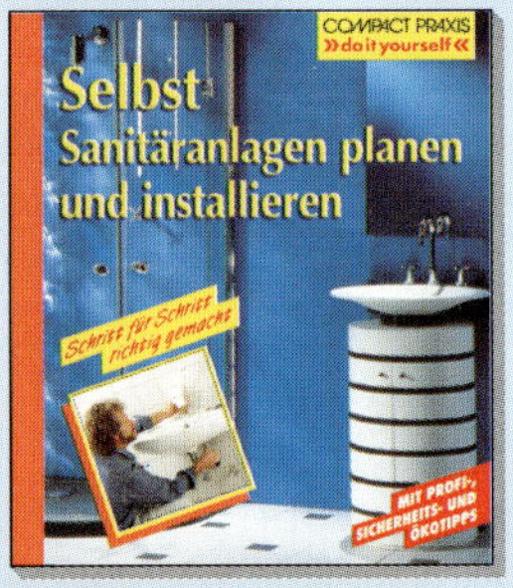

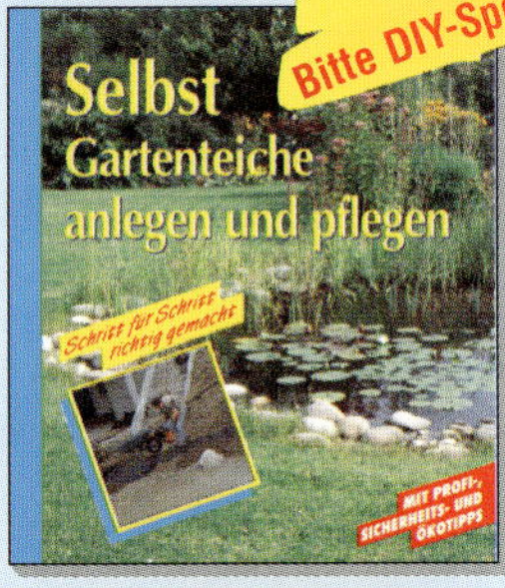

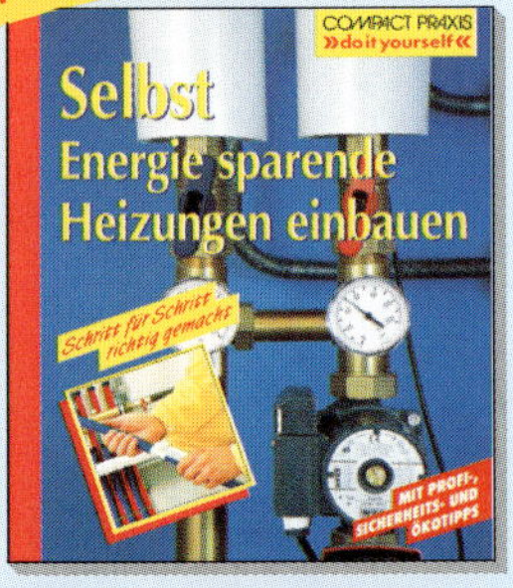

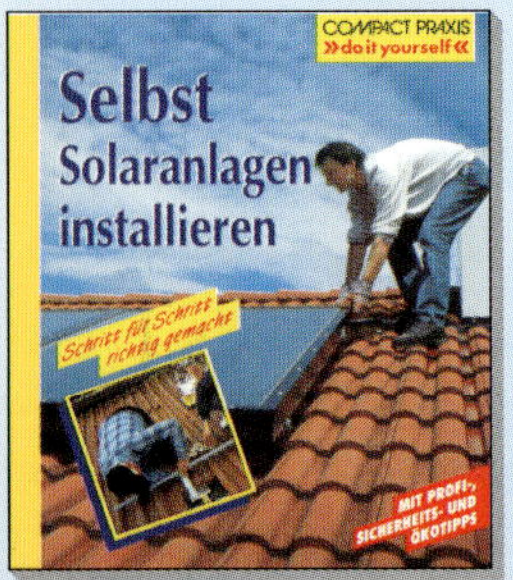

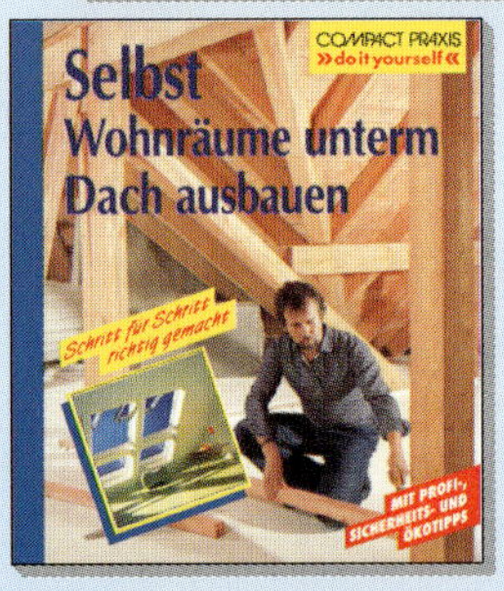

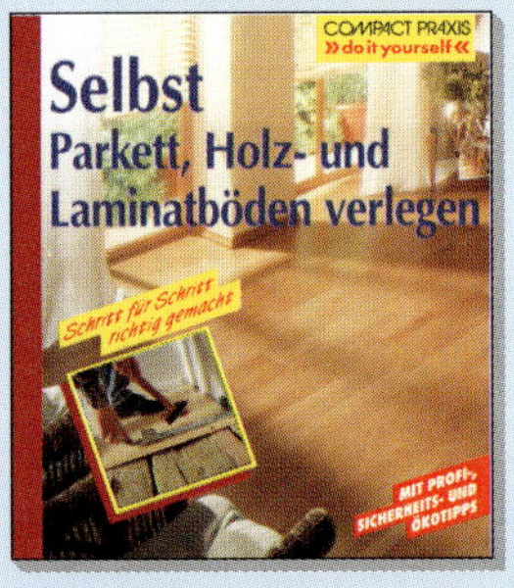

jeder Band € 10,25

Preisänderung vorbehalten

Compact Verlag GmbH
Züricher Straße 29
81476 München
Telefon: 0 89/74 51 61-0
Telefax: 0 89/75 60 95
Internet: www.compactverlag.de

vorgefertigte unterste Stufe lässt sich zwischen den Seitenbrettern einpassen und befestigen.

7/8 Ebenso wird die mittlere Stufe eingesetzt und festgeschraubt. Spätestens nach dem Zusammenbau sind die sägerauen Kanten mit Schleifpapier zu behandeln. Ein Holzklotz, der mit dem Papier umwickelt wird, erleichtert die Arbeit. Das Abschleifen ist auch mit einem Schwingschleifer möglich.

9 Die einfache Holzkonstruktion steht sogleich für die Ausstattung mit Pflanzen bereit.

10 Falls erwünscht erhält die Blumentreppe noch einen Holzschutz, zumal unbehandeltes Holz im Freien verwittert. Vor Sonnenlicht und Gießwasser schützt ein wetterfester Anstrich. Das kann eine Lasur sein, wenn die Maserung des Holzes noch sichtbar bleiben soll, oder ein Lack, der die Oberfläche überdeckt.

11 Die Blumentreppe ist das ganze Jahr hindurch draußen am Balkon nützlich. Im Sommer nehmen Kübelpflanzen und Balkonblumen Platz. Im Winter dient sie als Standort für Immergrüne.

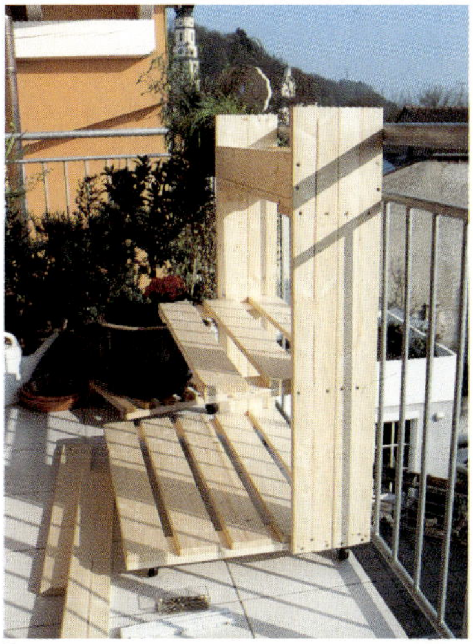

9

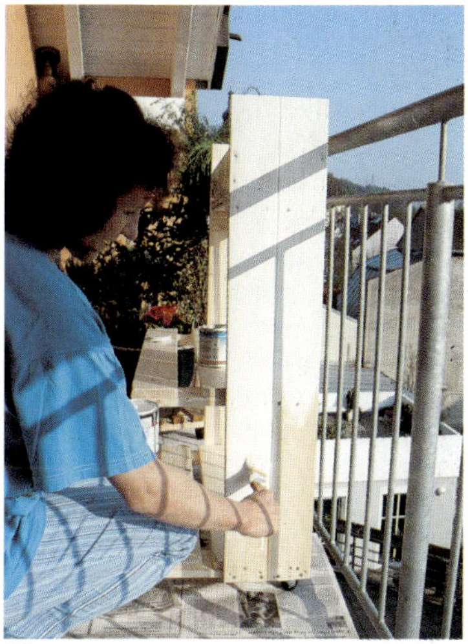

10

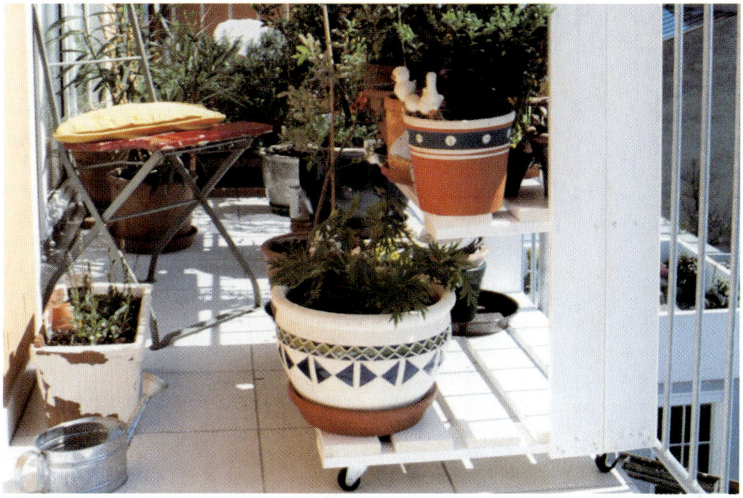

11

Etagere aus Tontöpfen

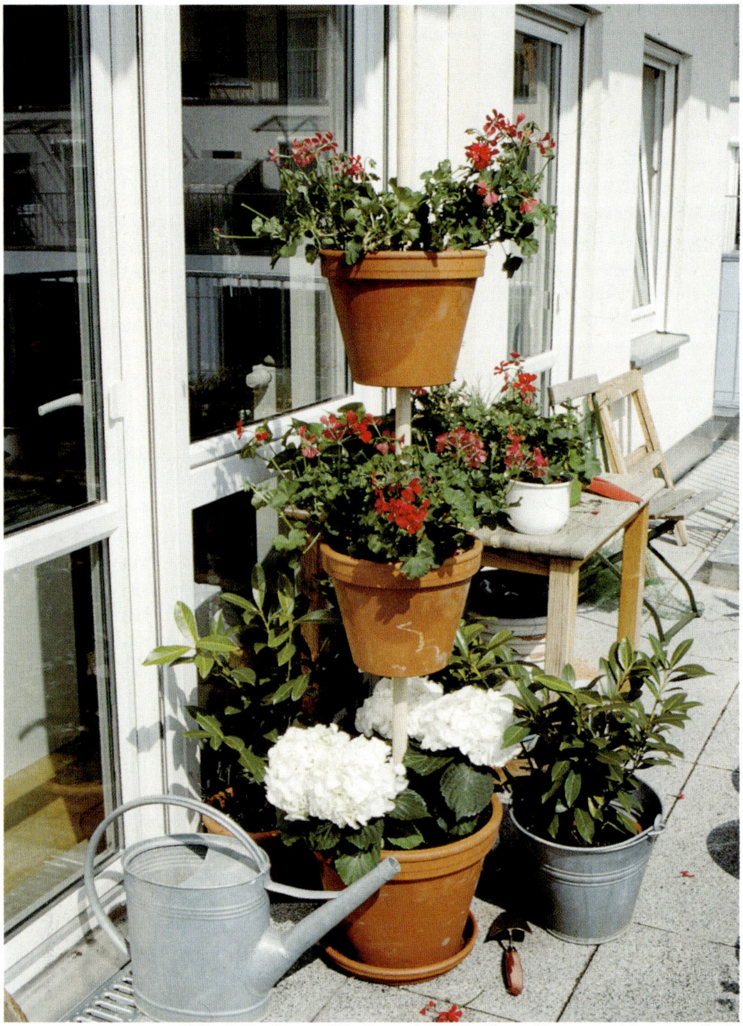

Mit einfachen Mitteln entsteht diese Sommerblumensäule

Material
Blumentöpfe, Werkzeugstiel, Untersetzer, Dübelstäbe, Pflanzsubstrat, Sommerblumen oder Zimmerpflanzen.

Werkzeug

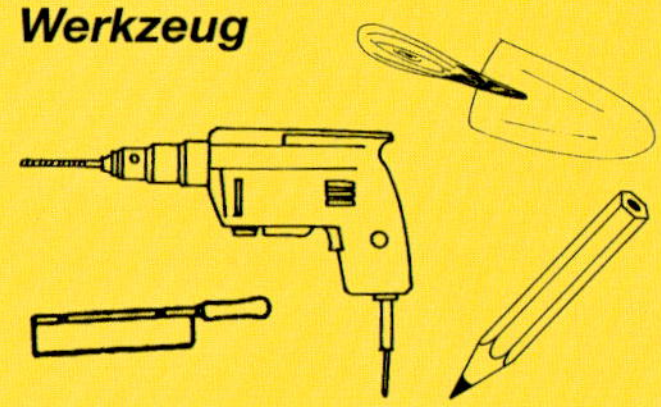

Schwierigkeitsgrad

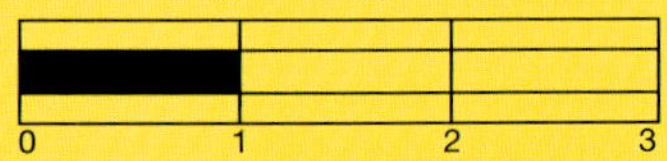

Kraftaufwand

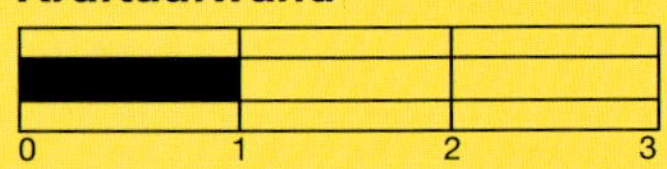

Arbeitszeit
Sie brauchen etwa 3 Stunden für den Aufbau und die Bepflanzung einer Säule mit drei Etagen.

Ersparnis
Durch Eigenleistung sind etwa 50 € zu sparen.

Ampeln sind eigentlich hängende Blumenbehälter. Die wörtliche Übersetzung des lateinischen Wortes »ampulla« (Fläschchen) lässt aber auch eine weniger strenge Anwendung zu. Jedenfalls gedeihen überhängende Pflanzen sehr gut in Blumentöpfen, wenn diese in luftiger Höhe befestigt sind.

Möglich ist dies mithilfe eines gewöhnlichen Werkzeugstieles, der als Ständer für die Töpfe dient. Bei großen Töpfen kann natürlich auch ein stärkerer Stab zum Einsatz kommen, der mehr Stabilität bietet. Rundholzstäbe gibt es in unterschiedlichen Stärken.

Falls nötig, müssen die Töpfe unten aufgebohrt werden, damit der Stab durch die Wasserabzugsöffnung passt. Das ist mit einem Bohrkranz für Fliesen oder Steinzeug möglich, den es als Vorsatzgerät für die Bohrmaschine gibt.

1 Die Gestaltung einer einfachen **Blumensäule** ist mit wenigen Mitteln möglich. Für dieses Objekt werden nur Tontöpfe, ein Werkzeugstiel und Holzdübel gebraucht. Zur Bepflanzung eignen sich je nach Saison Sommerblumen oder auch Zimmerpflanzen.

2 Für Töpfe mit einem Durchmesser bis etwa 30 cm genügt ein gewöhnlicher Werkzeugstiel, der sich ohne zusätzliches Aufbohren durch die Wasserabzugslöcher schieben lässt.

Wichtig ist ein fester Stand des Holzstabs im untersten Topf. Damit dieser nach der Befüllung der Töpfe nicht kippt und die fertige Blumensäule auch Stürmen standhält, muss er sicher verankert sein.

3 Die Verankerung kann mit Sicherungshölzchen erfolgen, die kreuzweise zwischen die Topfwände

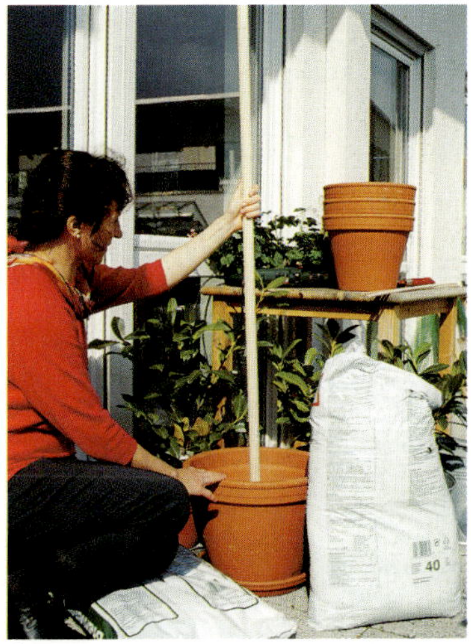

2

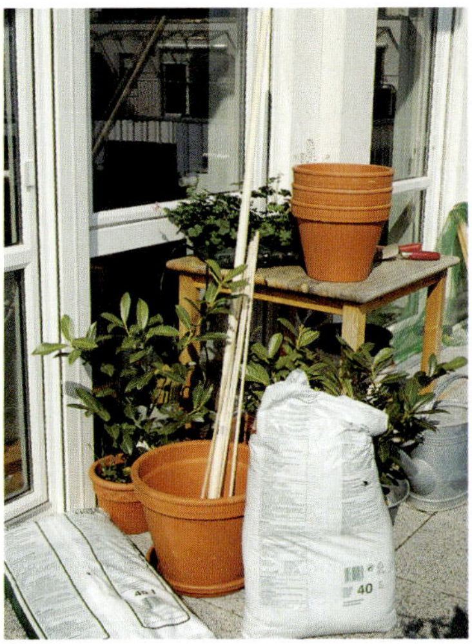

1

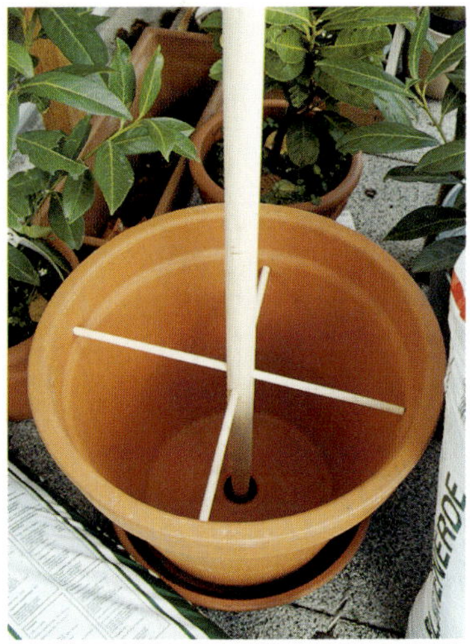

3

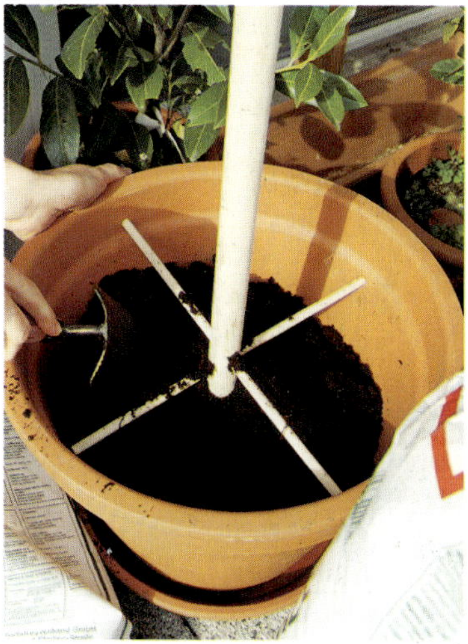

4

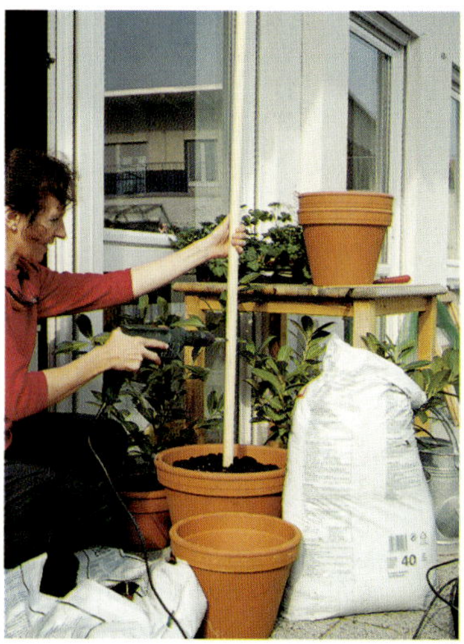

5

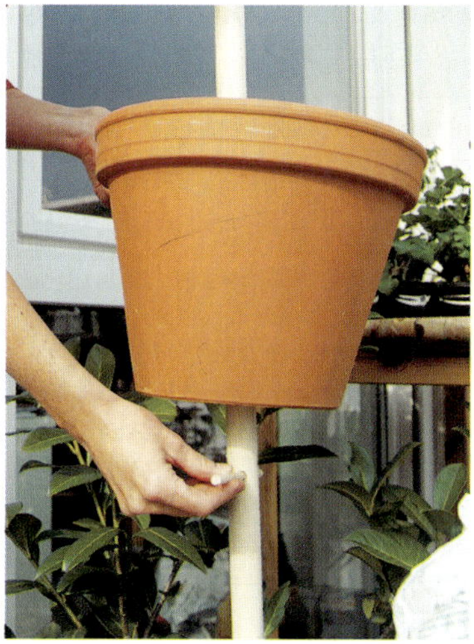

6

eingespreizt werden. Der Stab steht aber ebenso sicher, wenn der Topf statt der Erde eine Befüllung mit Kieseln erhält. Dann ist allerdings keine Bepflanzung mehr möglich.

4 Nach dem Befestigen des Trägers wird **Substrat** eingefüllt. Dazu eignet sich gewöhnliche Blumenerde. Wer auf solche Torfprodukte verzichten möchte, kann auch ein eigenes Substrat aus reifer Komposterde, Rindenhumus, Sand und Blähtongranulat zu gleichen Teilen mischen, das sowohl für Sommerblumen als auch für Zimmerpflanzen günstige Wachstumsbedingungen bietet.

5 Die oberen Töpfe sitzen in der gewünschten Höhe sicher auf Holzstäben, die durch den Werkzeugstiel gesteckt werden. Dazu sind jeweils in der Höhe des Topfbodens Bohrungen nötig. Die Töpfe sollten natürlich in ausreichenden Abständen platziert sein, damit die Ampelpflanzen genügend Raum zur Entfaltung haben.

6 Die Bohrungen müssen den Rundholzstäben (z. B. Dübelhölzern) angemessen sein, damit diese streng sitzen. Solche Holzstäbe gibt es in verschiedenen Längen und Stärken im Baumarkt. Der Zuschnitt erfolgt mit einer Feinsäge.

7 Damit die Töpfe fest auf den Rundhölzchen stehen bleiben und nicht kippen, bekommen sie jeweils eine Sicherung aus einem zweiten Rundholzstab, der oben zwischen die Topfränder eingeklemmt wird.

Die Töpfe können auch schräg aufgesetzt werden. Das erspart die oberen Sicherungshölzchen. Allerdings lässt sich die Wasserversorgung einfacher bewerkstelligen, wenn die Topfränder waagrecht sind.

8 Nach der Befestigung werden die Töpfe mit dem Pflanzsubstrat gefüllt und mit den ausgewählten Sommerblühern oder anderen überhängend wachsenden Pflanzen bestückt. Die Blumenampeln eignen sich zur Gestaltung von Balkon und Terrasse oder als Pflanzbehälter im Haus.

Die Pflanzenauswahl richtet sich nach dem Standort. Die Gestaltung ist sowohl mit Pflanzen einer bestimmten Art möglich, so etwa mit immergrünem Efeu oder mit Königswein, als auch mit winterharten Gewächsen, die ganzjährig im Freien bleiben. Das können Erdbeerpflanzen oder Polsterstauden sein.

9 Die Ampel lässt sich auch abwechselnd gestalten. So nehmen die Töpfe beispielsweise im Sommer – wie hier – Hängepelargonien oder auch Petunien auf. Gleichermaßen ist eine Bepflanzung mit Kräutern möglich. Neben überhängender Kapuzinerkresse finden Schnittlauch, Thymian und Basilikum in den Töpfen Platz.

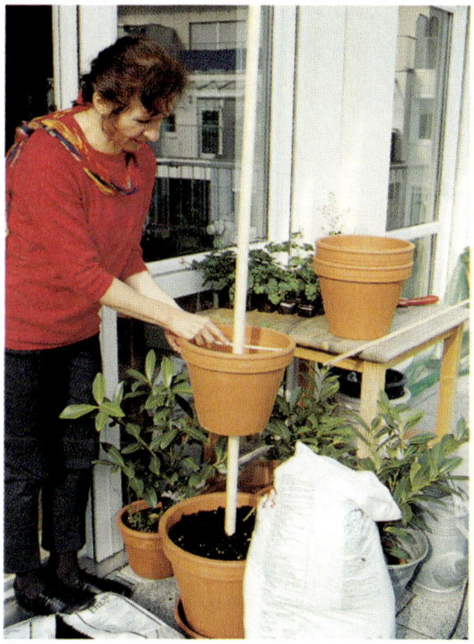

7

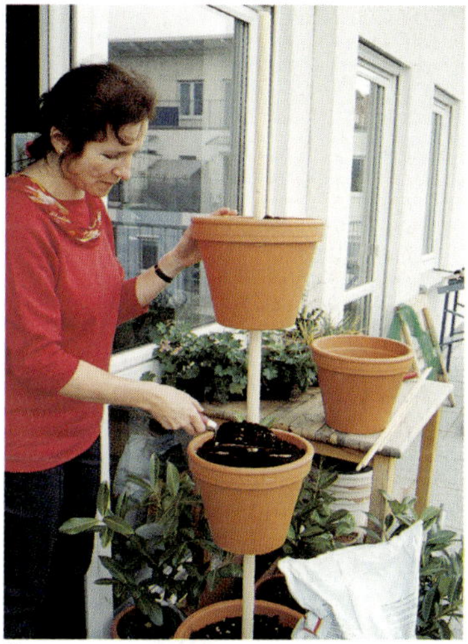

8

10 Im Winter werden sie mit Zimmerpflanzen bestückt. Dazu eignet sich die Efeutute. Gut bewurzelte Topfpflanzen bilden in wenigen Wochen ein üppiges Blattwerk. Genauso gedeihen Efeu, Zimmerwein und andere Ampelpflanzen in den Töpfen.

Zunächst wird diese Säule für den Sommer mit Hängepelargonien bestückt. Im unteren Topf nehmen Hortensien Platz. Sie lassen sich nach der Blütezeit umpflanzen und durch andere Sträucher oder Sommerblüher ersetzen.

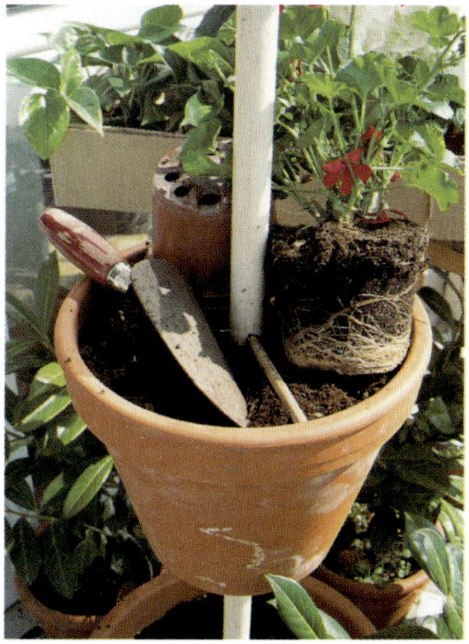

9

11 Nach der Bepflanzung braucht die Blumensäule noch einen geschützten Standort. Bei Nachtfrostgefahr ist eine Umstellung ins Haus oder eine Abdeckung mit Folie oder Vlies nötig.

Die Umstellung vom Balkon ins Haus ist mithilfe eines **Rollbords** möglich. Auch während der Saison empfiehlt sich ein windgeschützter Standort. Besonders für die Hängegeranien wirkt sich sonniges Wetter günstig auf eine reiche Blütenfülle aus.

Die Töpfe machen sich ganz wesentlich bei der Gestaltung bemerkbar. Einfache trichterförmige Tontöpfe sind zwar schwerer als Kunststofftöpfe. Sie sehen aber bereits nach der Bepflanzung dekorativ aus.

Die schweren Tontöpfe geben der Säule im Übrigen mehr Standfestigkeit als leichte Kunststofftöpfe. Wer es bunt mag, kann statt der rötlich braunen Terrakottatöpfe auch glasierte Keramik wählen.

12 Tontöpfe bieten sich auch zur Gestaltung anderer Objekte an. Mit Töpfen unterschiedlicher Größe ist der Bau von Figuren möglich. Platz dafür gibt es auf dem Balkon und im Garten.

Profitipp

Probieren Sie schon beim Einkauf der Einzelteile, ob sie zusammenpassen. Die ausgewählten Tontöpfe sollten ausreichend große Wasserabzugslöcher haben. Für den Aufbau eignen sich vorzugsweise gerade Eschenholzstiele. Dübelhölzer zum Befestigen der Töpfe gibt es in verschiedenen Längen und Stärken.

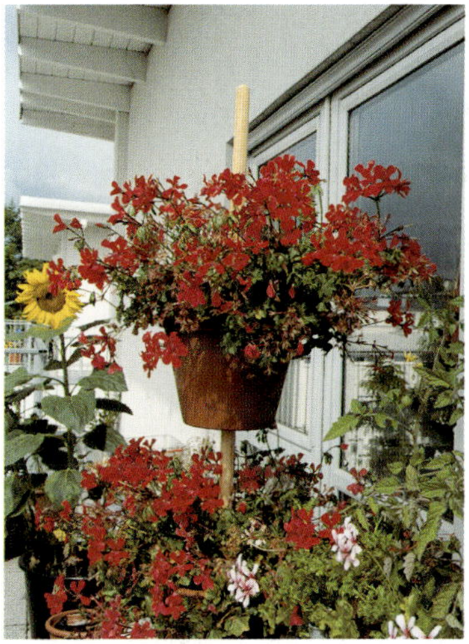

11

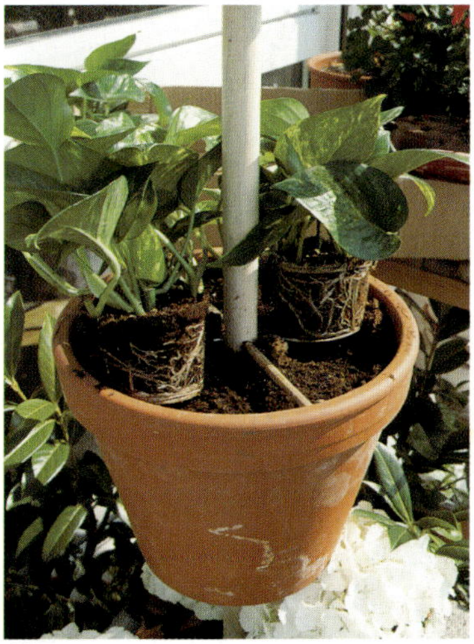

10

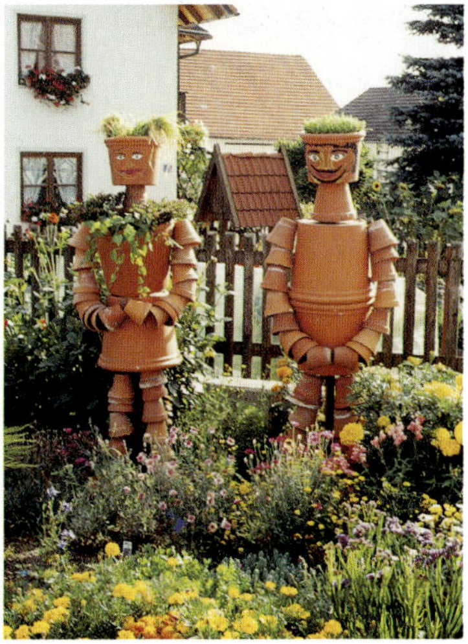

12

Selbst gießen mit Holzbeton

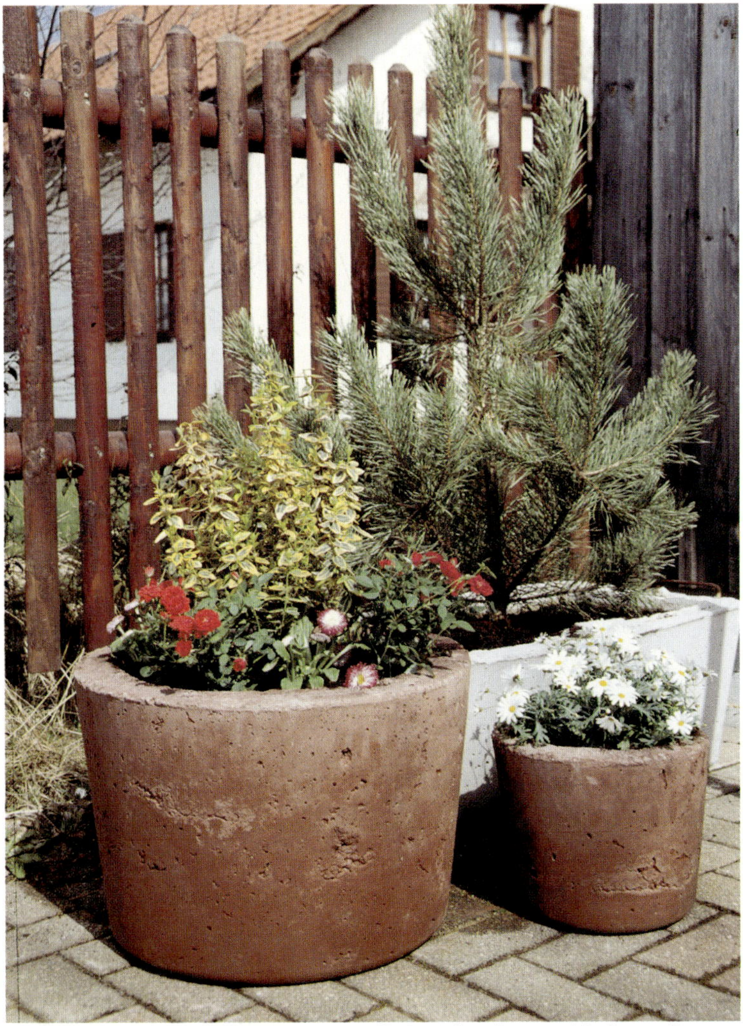

Selbst gegossene Betontröge in verschiedenen Formen

Material

Schalung (z. B. Kunststoffkübel), Mischbeton (Zement, Kies, Wasser und Zusatzstoffe wie Blähton, Sägemehl oder Styropor).

Werkzeug

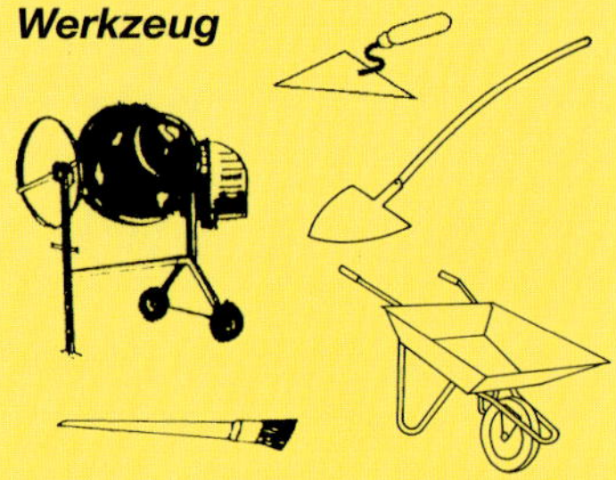

Schwierigkeitsgrad

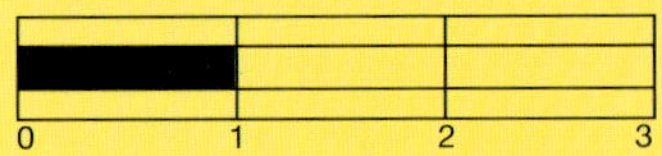

Kraftaufwand

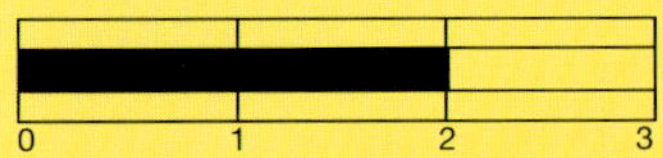

Arbeitszeit

Sie brauchen etwa 1 Stunde zum Gießen eines großen Pflanztroges.

Ersparnis

Durch Eigenleistung sind etwa 50 € zu sparen.

Beton hat sich als pflanzenverträglicher, verrottungsfester Gartenbaustoff bewährt, der zudem kostengünstig produzierbar ist. Der graue Baustoff aus Kies und Zement lässt sich durch Zugabe ausgewählter Mischstoffe ansehnlicher gestalten. Mithilfe spezieller **Betonfarben** und mineralischer oder organischer Materialien können Pflanzgefäße geschaffen werden, die großen Tonkübeln durchaus ebenbürtig sind.

Styroporbeton

1 Zur Probe empfiehlt es sich, zunächst nur ein Pflanzgefäß zu produzieren. Wenn der »Testtopf« gelingt, können beliebig viele Kübel erstellt werden.

Zum Anmischen des Betons genügt eine Mörtelwanne. Auf vier Schaufeln gesiebten Kies oder Flusssand kommt eine Schaufel voll Zement. Zudem wird Wasser benötigt. Die Schalung (hier zwei Baueimer) sowie ein Gegenstand zum Verdichten des Betons (z. B. eine Holzlatte) sollten bereits vorbereitet sein.

2 Nach dem Anmischen des Rohbetons aus Kies, Zement und Wasser kann der Zusatzstoff beigemengt werden. Hier erfolgt ein Versuch mit **Styropor**. Dabei werden gleich die Reste von Dämmarbeiten am Haus verwertet.

Das weiche, luftige Material darf jedoch nur zu einem geringen Teil beigemischt werden, damit die Festigkeit des Betons gewährleistet bleibt. Bei druckfesten Stoffen wie Blähton oder Perlite lässt sich der Anteil erhöhen.

3 Nach dem Vermischen der Styroporschüttung mit dem Beton erhält der Rohstoff noch die er-

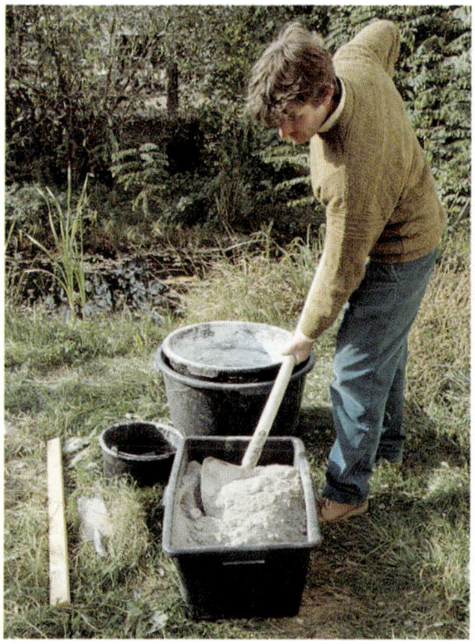

1

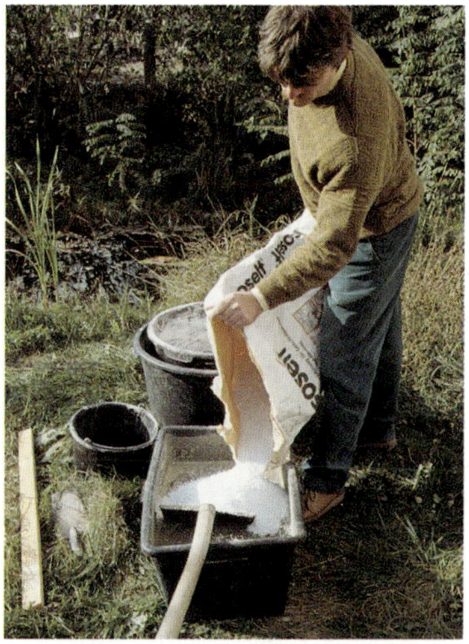

2

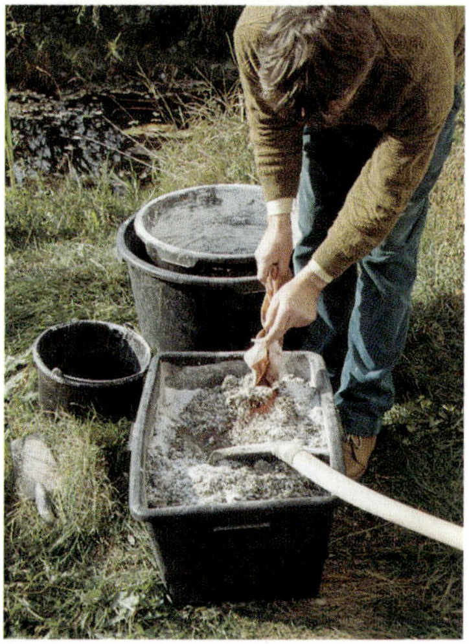

3

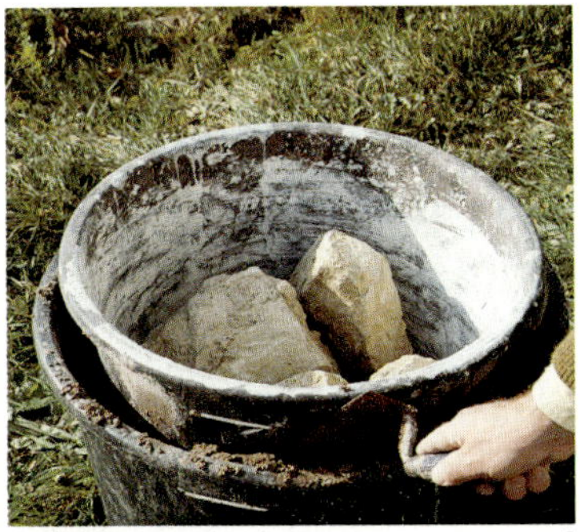

4

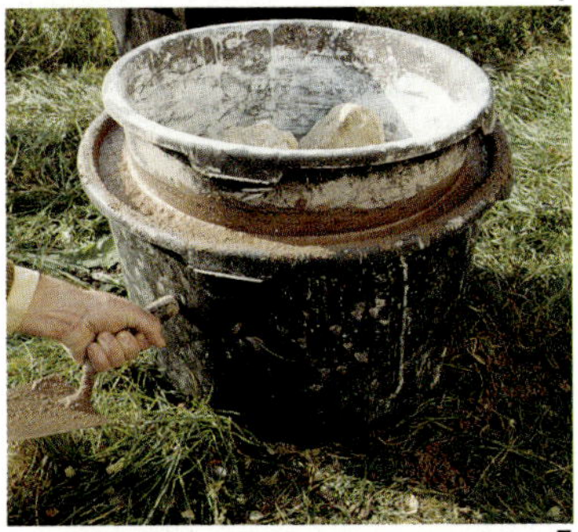

5

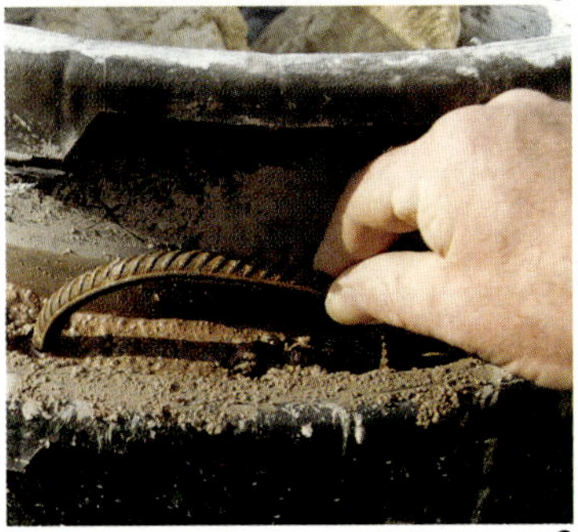

6

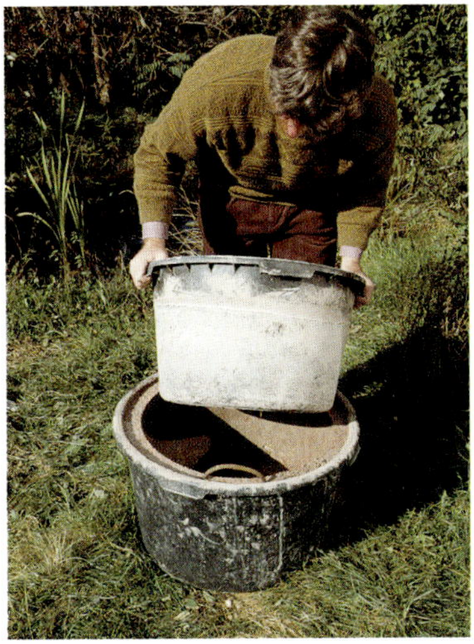

7

wünschte rote Farbe. Spezielle Mörtelfarben sind sehr ergiebig. Es genügen wenige Gramm dieses Pulvers. Auch hier sind Versuche mit verschiedenen Farben und Mengen empfehlenswert.

4 Sobald der Boden der Außenschalung mit dem Betongemisch bedeckt und die Innenschalung platziert wurde, kann das Ausfüllen der Zwischenräume erfolgen. Das Beschweren mit Steinen oder anderen Gewichten verhindert, dass der leichte Kunststoffkübel aufschwimmt.

5 Durch gleichmäßiges Klopfen rundherum an der Außenschalung rutscht der flüssige Beton nach unten, sodass Hohlräume ausgefüllt werden. Das ist unbedingt notwendig, da Lufteinschlüsse im Beton später sichtbar sind und die Gefäßwandung schwächen.

Der frische Beton passt sich jeder Schalung an. Dadurch ist auch eine gezielte Gestaltung der Pflanzgefäße möglich. So etwa durch Verwendung von sägerauem Holz als Schalung, das eine Holzmaserung bewirkt.

6 Solange der Beton noch weich ist, lassen sich Griffe für den Transport in die zähe Masse drücken. Das können – wie hier – Baustahlstücke sein oder auch verzinkte Drähte oder Stricke, die im Beton aushärten.

Zu beachten ist, dass sie in der erwünschten Position bleiben. Falls nötig, sind schwere Metallteile etwa mit Hölzchen zu sichern, damit sie nicht weiter in den frischen Beton einsinken.

7 Schon am nächsten Tag kann die Innenschalung entfernt werden. Das gelingt recht leicht, zumal der Beton noch feucht ist. Die biegsamen Kübel lassen sich aber ohnehin einfach lösen.

Bei rauen, steifen Schalungen ist das Einstreichen mit billigem Pflanzenöl vor dem Betonieren sinnvoll. Das rechtzeitige Abnehmen der Schalung beschleunigt das Trocknen des Betons.

8 Vor dem Abnehmen der Außenschalung – etwa durch Umstürzen – muss der Beton gut ausgetrocknet sein, sonst können die Ränder abbrechen. Hier machen sich je nach den Mischstoffen Unterschiede in der Stabilität bemerkbar: Beton mit Blähtonzusatz ist härter als eine Mischung mit Styropor.

9 Große Kübel sind ideale Pflanzgefäße für immergrüne Gewächse wie Gartenbambus und Buchs. Sowohl die Gefäße als auch die Pflanzen sind winterhart und für einen ganzjährigen Aufenthalt im Freien geschaffen. Natürlich lassen sich Betontröge auch mit Kübelpflanzen begrünen.

10 Wenn die ersten selbst gemachten Kübel zufrieden stellen, kann die Produktion in Serie gehen. Dann erleichtert eine **Mörtelmischmaschine** (Betonmischer) die Arbeiten. Dazu sollten Schalungen und Baustoffe in ausreichenden Mengen zur Verfügung stehen.

Im Betonmischer werden alle Baustoffe gleichmäßig durchmengt. Auch hier kommt auf vier Teile Kies jeweils ein Teil Zement. Es hat sich bewährt, zunächst etwas Wasser und dann den Zement in die Trommel zu schütten.

In diese Schlämme wird dann der Kies (oder Flusssand) geschaufelt. Danach erfolgt die Zugabe des erwünschten Zusatzstoffs (z. B. Blähton oder Sägespäne).

Die Zugabe von Styropor vermindert das Gewicht des sonst schweren Betons. Wie bei der Produktion von Hand darf der Anteil an diesem weichen Material nicht zu groß sein (erfahrungsgemäß 1/3 der Gesamtmenge).

Eine Gewichtsverringerung ohne Verminderung der Festigkeit erreicht man durch Zugabe von Perlite (ein festes aufgeblähtes Gesteinsmaterial). Ebenso eignet sich natürliches Lavagestein, das ähnliche Eigenschaften hat.

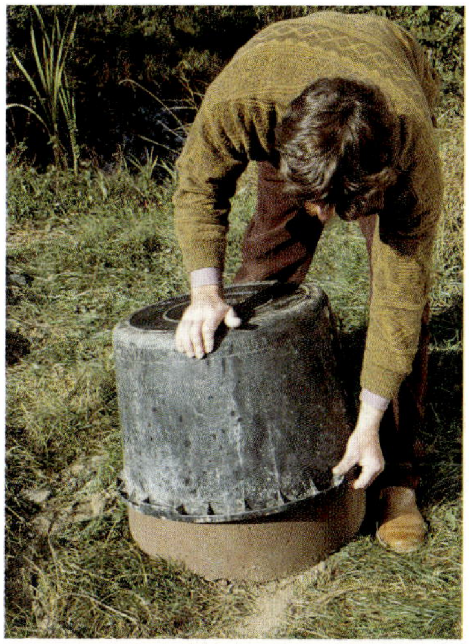

8

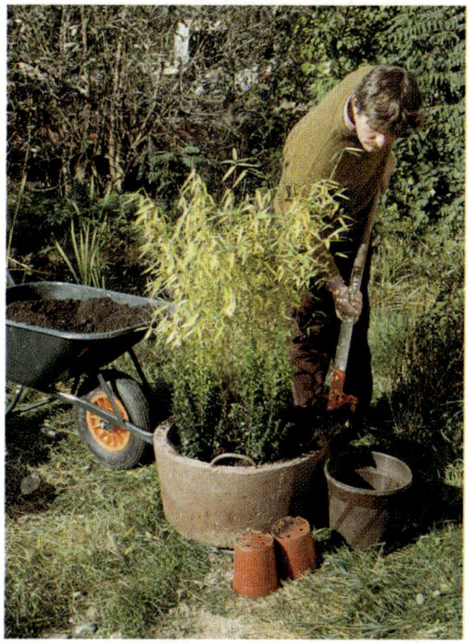

9

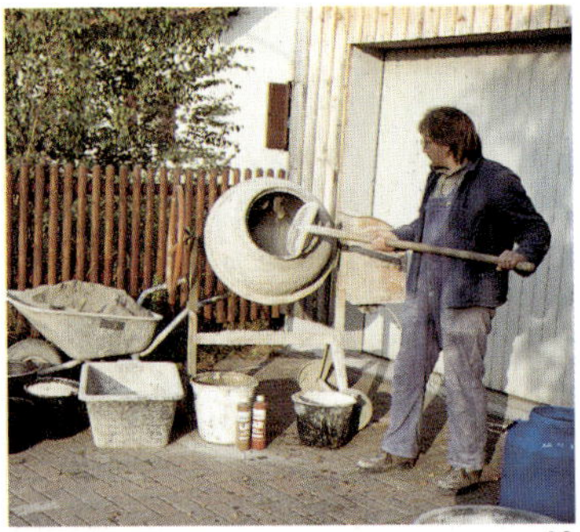

10

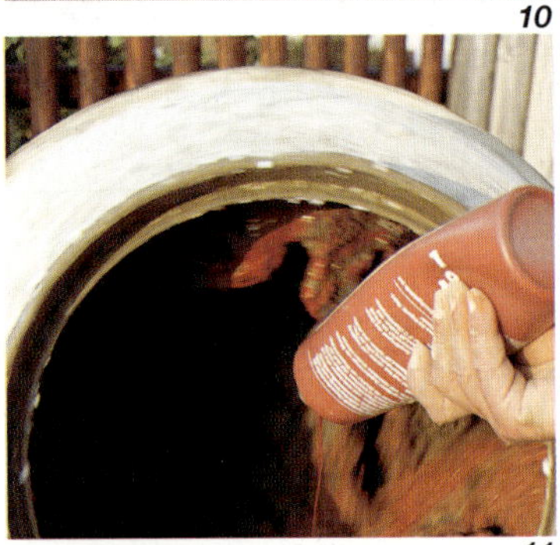

11

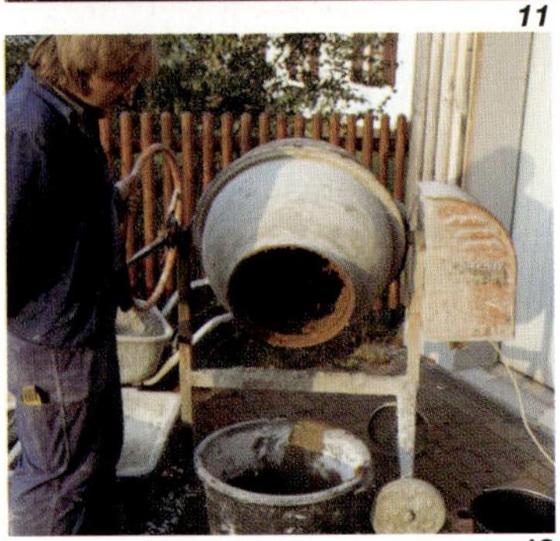

12

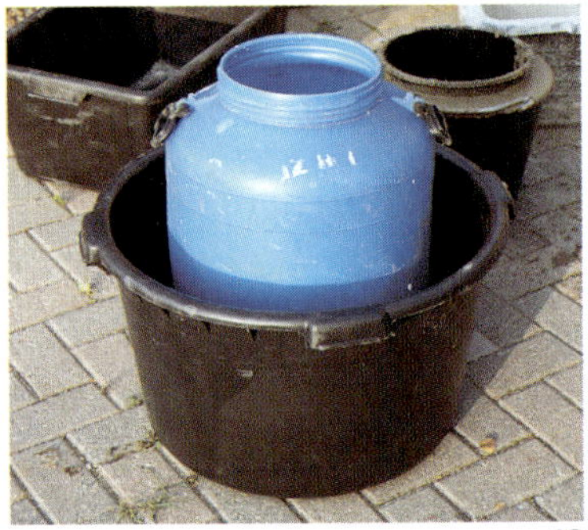

13

11 Statt der Mörtelfarbe vom Baustoffhandel kann auch gewöhnliche **Dispersionsfarbe** zur Gestaltung der Pflanzgefäße dienen. Allerdings ist diese Farbe weniger ergiebig. Um eine gute Farbwirkung zu erzielen, benötigt man einen Liter dieses Konzentrats für einen großen Kübel.

Statt den Beton zu färben, ist es aber auch möglich, die fertigen Pflanzgefäße zu streichen.

12 Die fertige Betonmischung kann direkt auf den Boden der Außenschalung gekippt werden. Zu beachten ist eine gleichmäßige Verteilung. Zudem muss eine ausreichende Stärke der Bodenschicht zustande kommen (ca. 4 bis 5 cm).

Falls erwünscht, lässt sich jetzt zur Bewehrung ein Stück Baustahlgeflecht oder ein anderes Metallgitter in den frischen Beton legen. Dieses muss völlig vom Beton eingeschlossen sein.

13 Falls vorhanden, können neben herkömmlichen Baueimern auch ausgediente Lebensmittelbehälter oder andere Kunststoffkörper als Schalungen genutzt werden. Allerdings sollten sie sich nach dem Härten des Betons wieder entfernen lassen.

Solche zylindrischen Fässer sitzen unter Umständen streng im Beton. Sie müssen dann aufgeschnitten werden und sind anschließend unbrauchbar. Das Entfernen ist ohne Beschädigung des Pflanzgefäßes möglich, wenn der Beton schon etwas gehärtet, aber noch nicht richtig fest ist.

14 Nach dem Anpassen der Innenschalung wird der Beton am Boden glatt gestrichen. Die Mörtelwanne, die als Außenschalung dient, ist beliebig oft wieder zu verwenden. Das Einstreichen mit billigem Pflanzenöl erleichtert später das Abnehmen und hält die Wand des Pflanzgefäßes glatt.

15 Die Innenschalung muss genau mittig stehen, damit rundherum eine gleich dicke Gefäßwandung zustande kommt. Die Dicke der Betonwandung richtet sich nach der verwendeten Betonart. Bei mehr als 5 cm Dicke sind solche Tröge auf jeden Fall so stabil wie ebenbürtige Tontöpfe. Wer sicher sein will, kann die Wandung mit Metallgitter bewehren.

16 Nach dem Einfüllen des Betongemisches muss dieses verdichtet werden. Zudem sollte der frische Beton durch das Klopfen mit einem Hammer an der Außenschalung nach unten rutschen. Die Innenschalung erhält eine Füllung mit Kies oder Steinen, damit sie nicht aufschwimmt.

17 Hier sind nach dem Abnehmen der Außenschalung unerwünschte Lufteinschlüsse erkennbar. Solche Rillen lassen sich beim nächsten Gefäß durch besseres Verdichten des Betons vermeiden.

Die Innenschalung wurde einbetoniert. Sie muss aufgeschnitten werden. Auch das lässt sich entweder durch rechtzeitiges Entnehmen oder durch das Einölen vor dem Betonieren vermeiden.

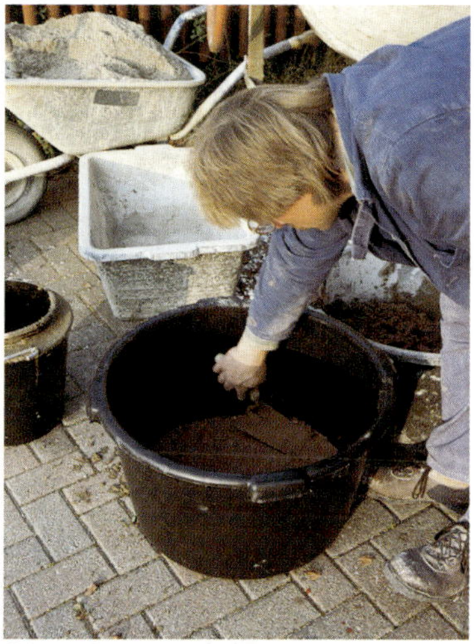
14

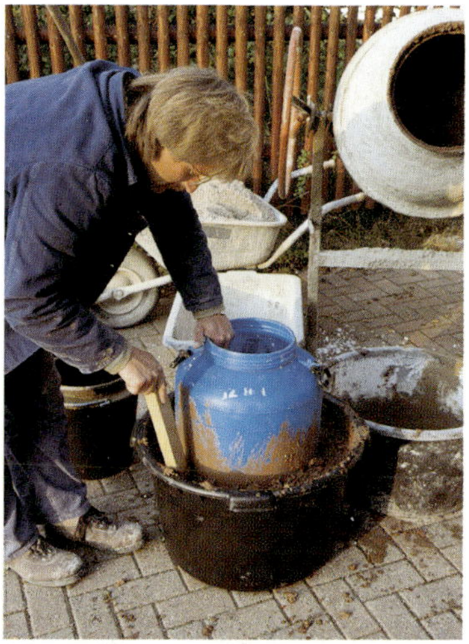
16

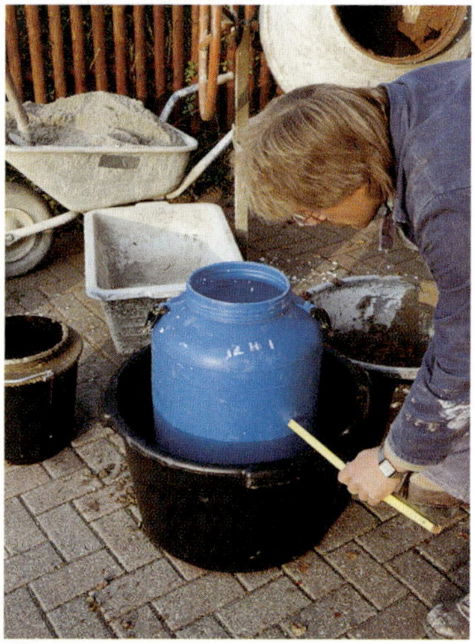
15

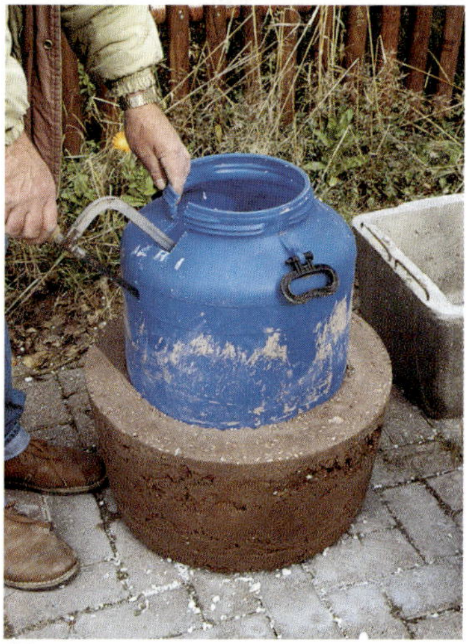
17

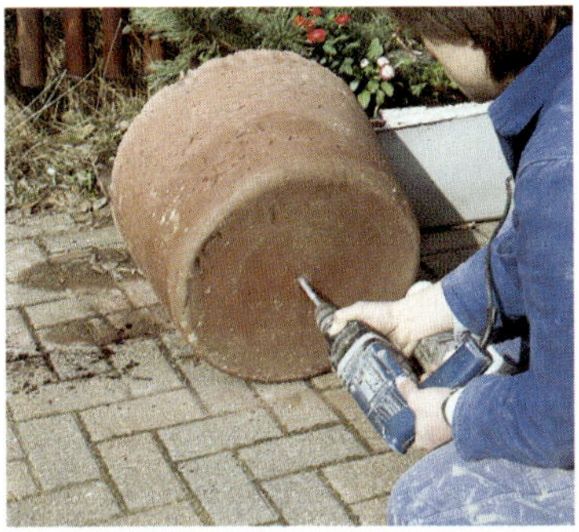

18

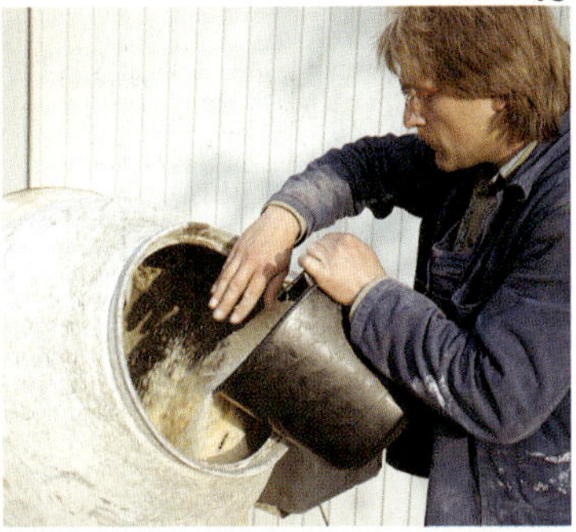

19

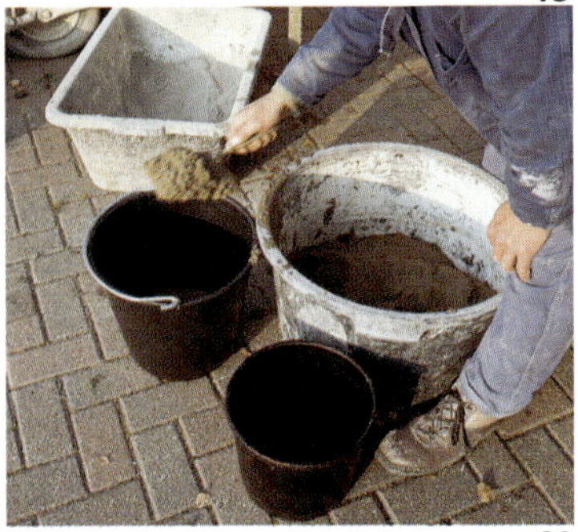

20

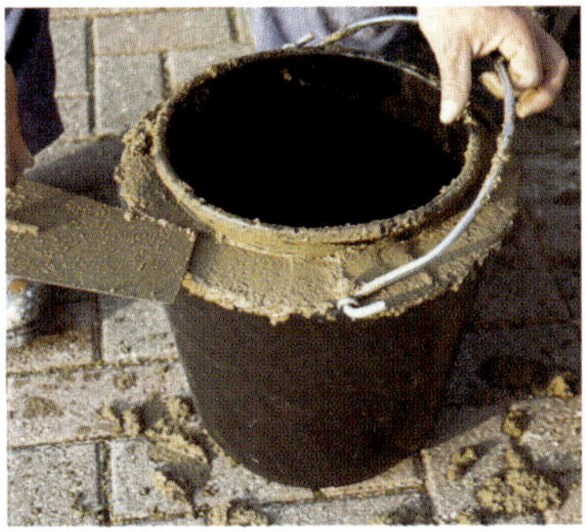

21

18 Nach der Fertigstellung erhält der Pflanztrog noch Wasserabzugslöcher im Boden.

Das Bohren ist unnötig, wenn schon beim Gießen beziehungsweise beim Glätten des Betons am Boden der Schalung geeignete Gegenstände in den Beton gesteckt werden. Das können beispielsweise Schlauchstücke sein.

Kübel aus Holzbeton

19 Ein weiteres Pflanzgefäß entsteht aus Holzbeton. Dazu wird der Rohbetonmischung feines **Sägemehl** beigemengt. Diese Baustoffproduktion ist übrigens eine altbewährte Methode: So wurden früher Lehmhäuser aus einer Mischung von frischem Lehm und zerkleinertem Stroh gebaut.

Es gibt auch heute noch bewährte Baustoffe, die ähnlich beschaffen sind. So werden beispielsweise Dämmplatten (»Heraklit«) aus Holzwolle und Beton hergestellt. Wie bei diesen Produkten umschließt auch hier die Zementschlämme die Holzfasern und macht sie verrottungsfest. Die Holzbetonmischung erhält eine braune Farbe.

20 Für einen kleinen Probekübel sind zwei Baueimer als Schalung nötig. Zunächst wird der Boden mit einer dünnen Schicht der Betonmischung bedeckt. Die Beschaffenheit von Holzbeton richtet sich nach der Größe der Holzspäne. Grobe Hobelspäne ergeben einen deutlich raueren Beton als feine Sägespäne.

Sobald der Boden mit der Betonmischung bedeckt ist, kann der zweite Eimer für die Innenschalung eingesetzt werden. Dieser ist wiederum genau zu zentrieren.

Das Einfüllen des Mischbetons erfolgt mit der Kelle. Der Eimer in der Mitte darf dabei nicht verschoben werden. Er schwimmt bei dieser kleinen Betonmenge nicht auf. Dennoch ist das Beschweren mit Kies oder Steinen zu empfehlen.

21 Der Beton behält nach dem Härten genau die Form, die er beim Gießen bekommen hat. Das Glattstreichen der Ränder sollte deshalb sorgfältig geschehen. Solange die Masse noch weich ist, lassen sich **Tragegriffe** einsetzen. Bei kleinen Kübeln ist das jedoch nicht unbedingt nötig.

Solche Pflanzgefäße sind recht zügig in größerer Stückzahl produzierbar. Eine Füllung im Betonmischer reicht für mehrere Gefäße.

Nach dem Befüllen und Glätten kann der Beton langsam trocknen und aushärten. Während die bereits fertigen Kübel trocknen, kann die Produktion weiterer Pflanzgefäße vorangehen.

22 Schon am nächsten Morgen erfolgt das Ausschalen. Zunächst kommt der innere Baueimer an die Reihe. Die biegsame Kunststoffwandung lässt sich leicht vom Beton lösen.

23 Durch vorsichtiges Umstürzen rutscht der fertige Holzbetontopf aus der äußeren Schalung. Falls nötig kann durch Klopfen auf den Boden des Baueimers nachgeholfen werden.

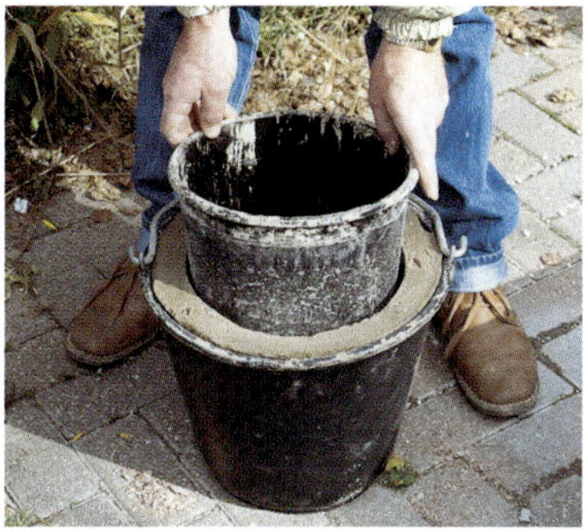

22

24 Das Abnehmen der Schalungen beschleunigt die Trocknung. Bis zum völligen Aushärten vergehen allerdings noch einige Tage. Bei großen Kübeln lohnt es sich, mit dem **Ausschalen** zu warten, bis der Beton gut ausgehärtet ist. Andernfalls kann das Umstürzen Beschädigungen an den Rändern verursachen. Nur die Innenschalung wird rechtzeitig entfernt.

Reiner Beton

25 Als drittes Muster soll noch ein Pflanzgefäß aus purem Beton entstehen. Als Schalung dienen dafür gewöhnliche Mörtelwannen in verschiedenen Größen. Sie werden mehrmals verwendet, wenn die Produktion in Serie gehen soll. Zunächst wird der Boden mit Beton bedeckt.

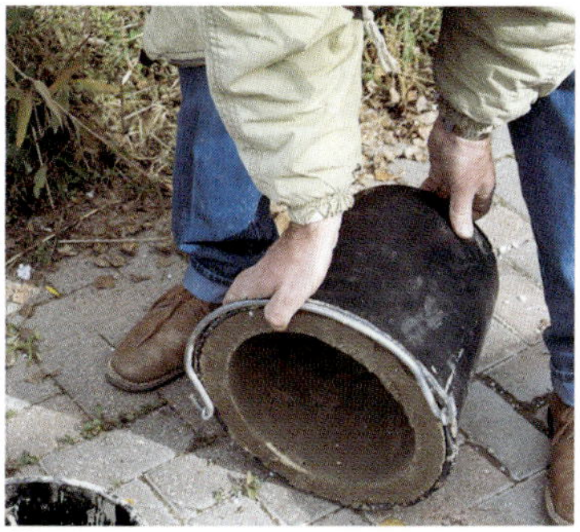

23

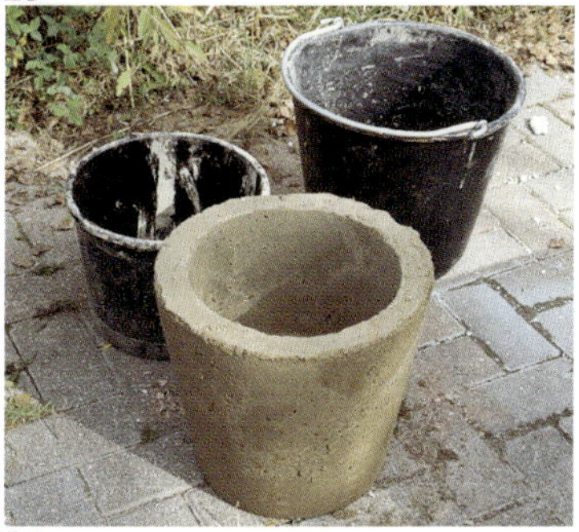

24

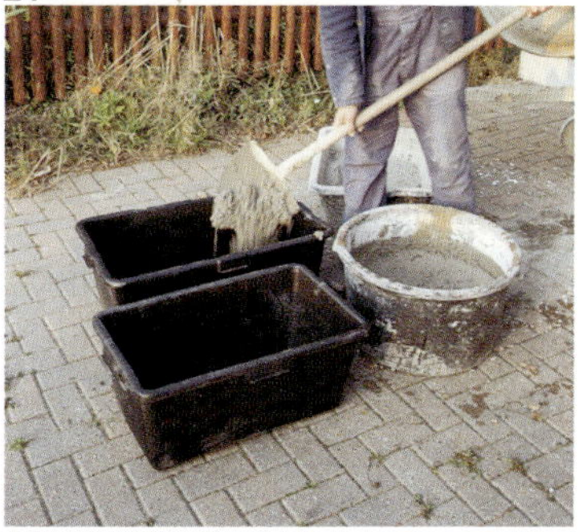

25

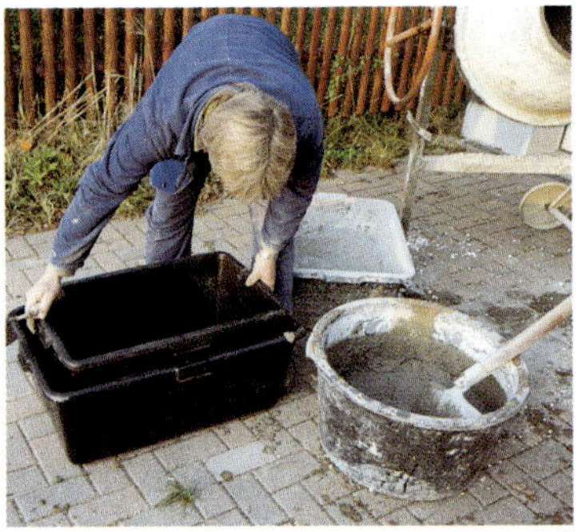
26

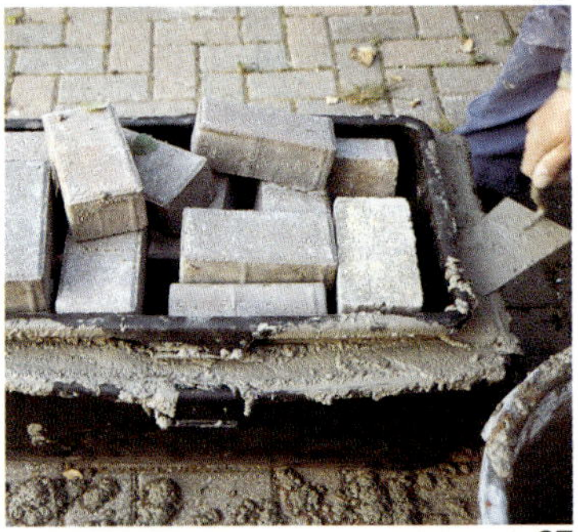
27

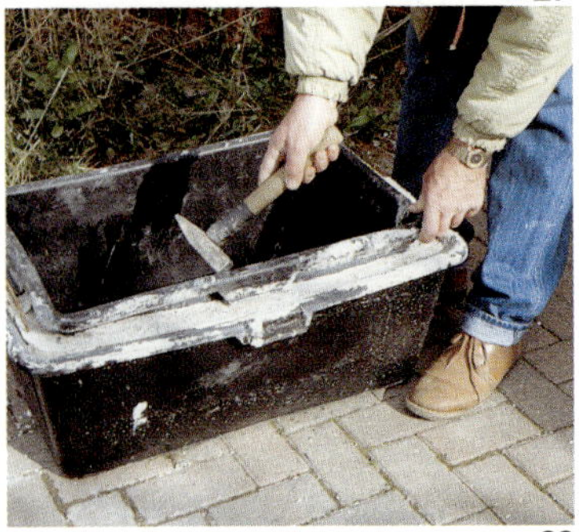
28

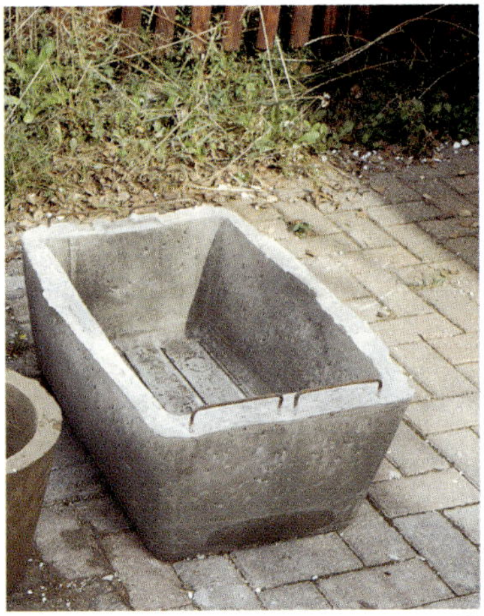
29

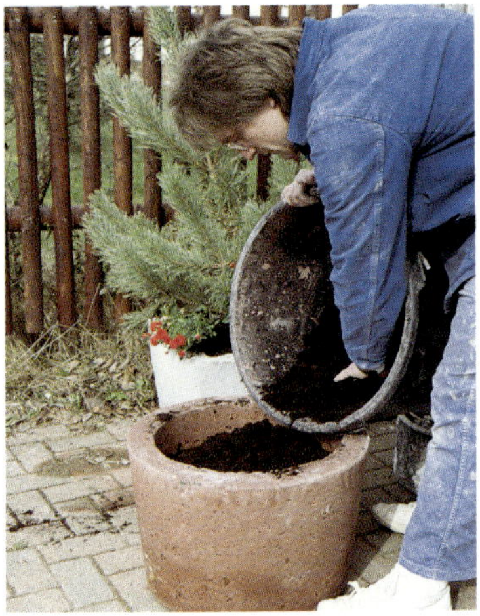
30

26 Dann kommt die Mörtelwanne für die Innenschalung an ihren Platz. Zu beachten ist, dass Zwischenräume von mehr als ca. 5 cm für eine ausreichend dicke Betonwandung bestehen bleiben.

Der feine Beton aus Flusssand, Zement und Wasser rutscht leicht in die zuvor vorbereitete Schalung. Während des Befüllens wird die Innenschalung mit Steinen beschwert.

27 Schließlich müssen noch die Ränder geglättet werden. Während der Trocknung hält das Gewicht der Steine die Innenschalung in der richtigen Position. Der Druck des schweren Betons hat hier die Außenschalung leicht ausgebeult. Das lässt sich durch einen entsprechenden Gegendruck (etwa durch das Einsenken der Mörtelwanne in den Boden) leicht verhindern.

28 Am nächsten Tag kann die Innenschalung entfernt werden. Falls diese fest am Beton klebt, leistet ein Hammer gute Dienste. Natürlich darf beim Ablösen der Kunststoffwanne die Gefäßwandung nicht beschädigt werden.

29 Der Betontrog wurde nach dem Gießen noch mit Griffen aus Baustahl ausgestattet.

30 Die massiven Gefäße bieten sich beispielsweise zur Bepflanzung mit immergrünen Gehölzen an. Diese kommen sowohl in Einheitserde als auch in einem selbst gemischten Substrat zurecht.

31 Beim Pflanzen ist darauf zu achten, dass die Sträucher genau so tief wie vorher im Boden sitzen. Zu tiefes Pflanzen hat Fäulnis zur Folge. Die Pflanztiefe richtet sich nach dem Wurzelhals. Das ist die Übergangsstelle vom Wurzelwerk zum Geäst.

32 In den großen Kübeln ist neben einem Gehölz in der Mitte noch genügend Platz zur Beipflanzung von kleineren Gewächsen. Das können Zwergrosen oder auch Blütenstauden und Sommerblumen sein. Die kleineren Töpfe bieten sich zur Bepflanzung mit Balkonblumen an.

33 Die robusten Pflanzgefäße lassen sich ganzjährig nutzen. Für das Winterhalbjahr eignen sich frostharte Gewächse wie Kirschlorbeer und Heidekraut.

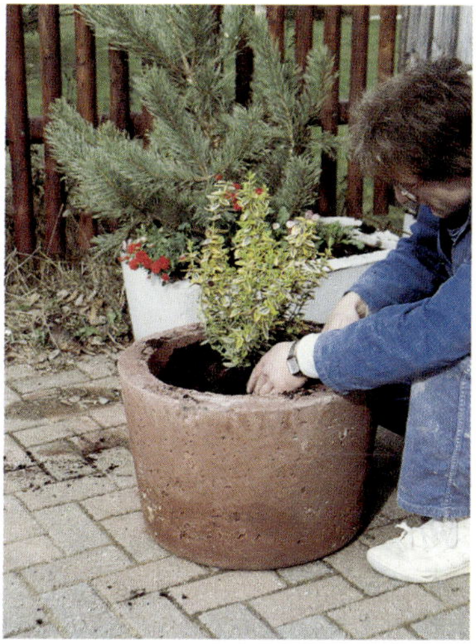

31

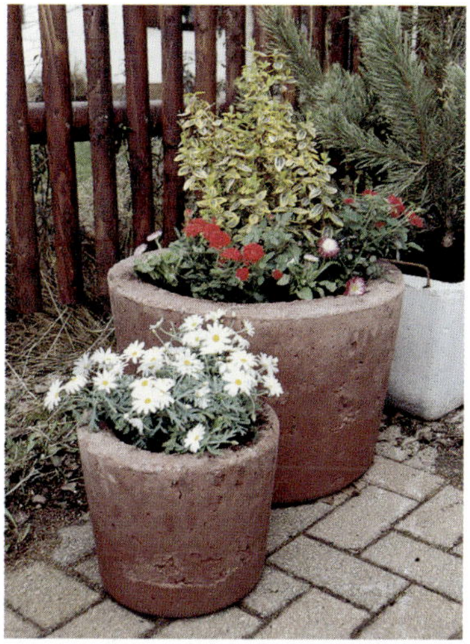

32

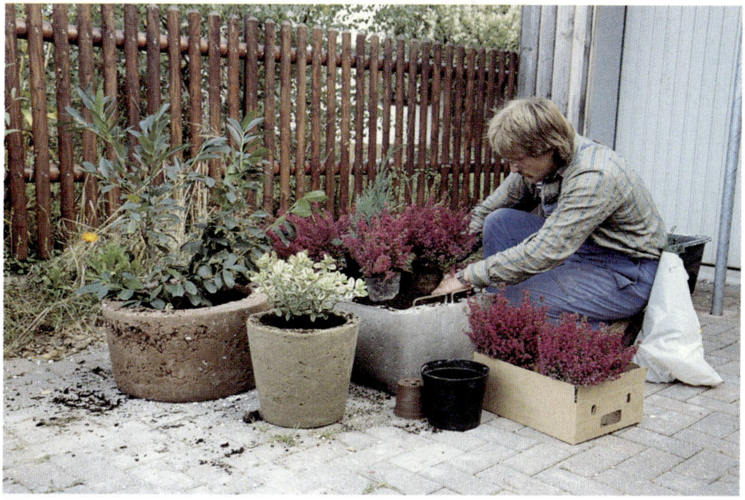

33

Mobile Wasserauffangschale für Kübelpflanzen

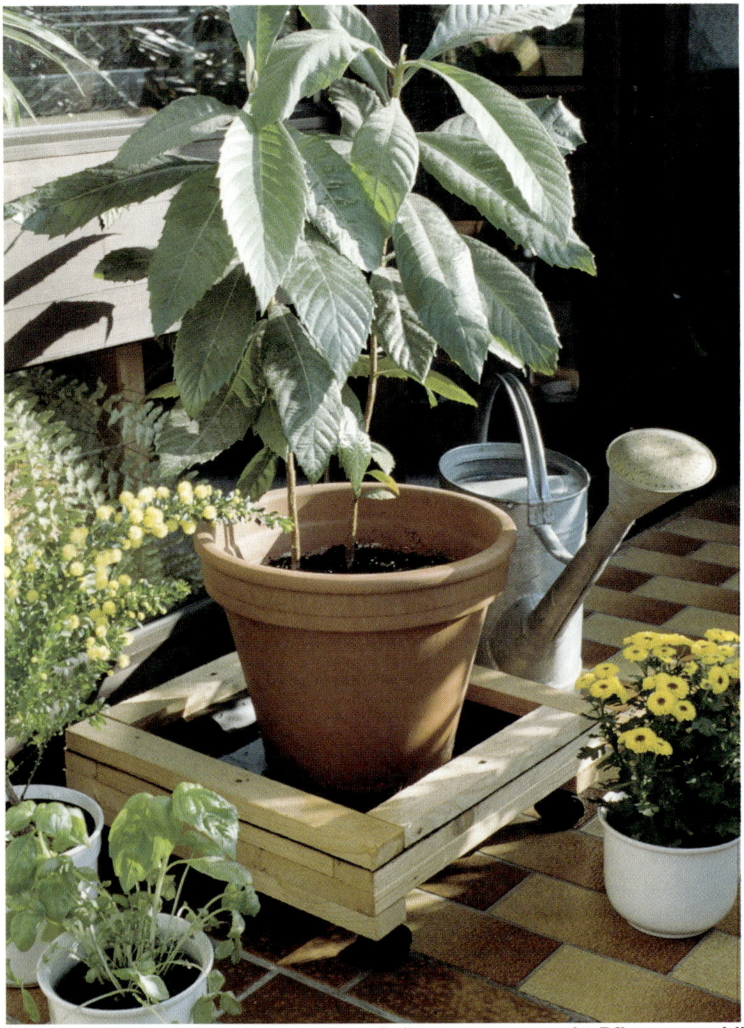

Ein wasserdichter Rolluntersetzer macht Pflanzen mobil

Material
Bretter, Latten, Teichfolie, Möbelrollen, Schrauben.

Werkzeug

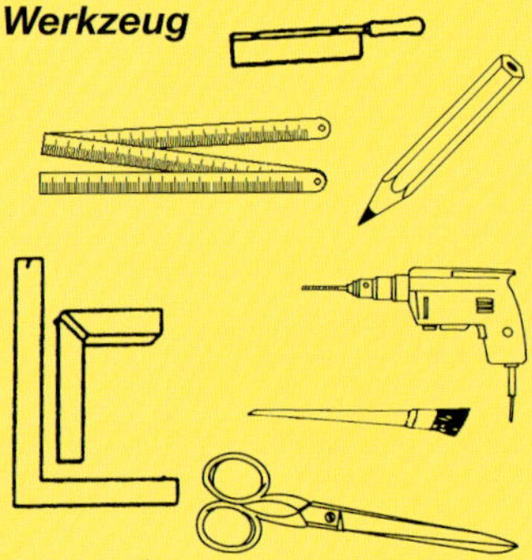

Schwierigkeitsgrad

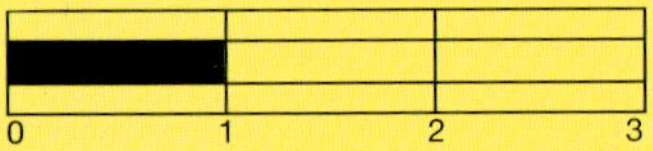

Kraftaufwand

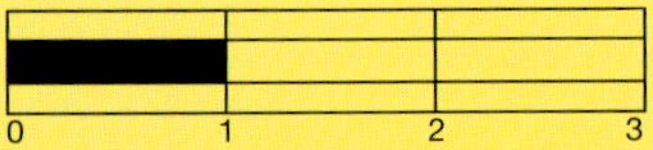

Arbeitszeit
Sie brauchen etwa 1 Stunde zum Anfertigen eines Rollbords.

Ersparnis
Durch Eigenleistung sind etwa 50 € zu sparen.

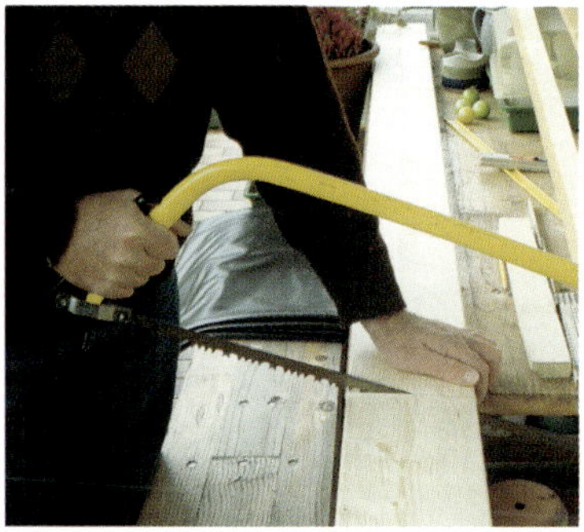

1

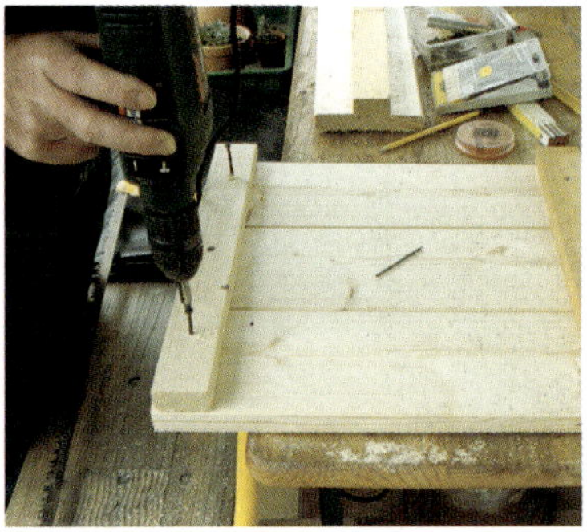

2

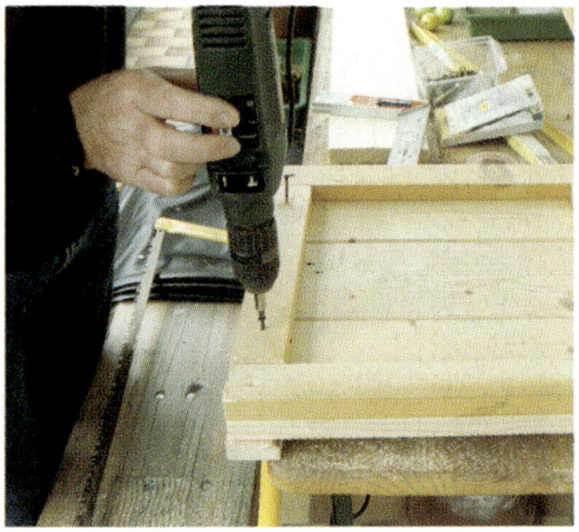

3

Rolluntersetzer ermöglichen den Transport schwerer Zimmerpflanzen und erleichtern das Ausräumen von Kübelpflanzen im Frühjahr. Solche Pflanzentransporter lassen sich in passenden Größen selbst anfertigen. So entstehen fahrbare Untersetzer auch für große Gewächse, die auf Produkten aus dem Handel keinen Platz finden.

Zudem sind eigene Konstruktionen machbar, die sich durch ungewöhnliche Formen auszeichnen. Sie bestehen etwa aus besonderen Hölzern oder sind mit ausgewählten Rollen oder Rädern ausgestattet.

Kübel, Kästen und Töpfe müssen Wasserabzugslöcher haben, sonst kann es bei Dauerregen oder durch zu viel Gießwasser zu **Staunässe** kommen. Allerdings darf das überschüssige Wasser keine Bauschäden auf Balkonen und Terrassen oder in der Wohnung verursachen.

Vorbeugend werden die Pflanzen deshalb auf wasserdichten Untersetzern platziert, die die Standflächen trocken halten.

Bei einem Eigenbau von rollfähigen Pflanzentransportern können Teichfolienstücke verwendet werden. Diese Folieneinlagen ersparen spezielle Untersetzer aus Kunststoff. Sie nehmen das überschüssige Gießwasser auf und dienen auch als Vorratsbehälter, etwa für Oleander und andere Kübelpflanzen, die an heißen Sommertagen stets feucht zu halten sind. Natürlich darf sich keine ständige Staunässe bilden.

Bei Pflanzen, die nicht im Haus oder im Regenschatten unter einem Dachvorsprung stehen, sondern direkt im Freien platziert sind, muss nach anhaltendem Regen das überschüssige Wasser aus dem Untersetzer gekippt werden.

1 Für die Anfertigung von wasserdichten Rolluntersetzern genügen einige Holzreste und Teichfolienstücke (z. B. Abfälle vom Teichbau). Für ein Rollbord mit einer Standfläche von etwa 42 x 42 cm sind drei Brettstücke mit jeweils 14 cm Breite und 42 cm Länge sowie gehobelte Latten zum Verbinden und für den Rahmenbau nötig.

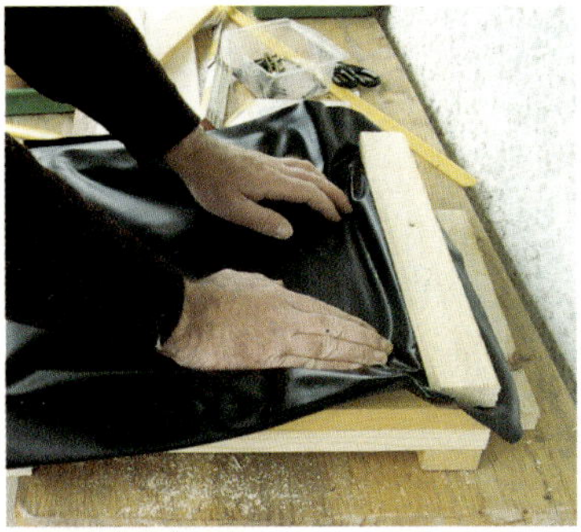

4

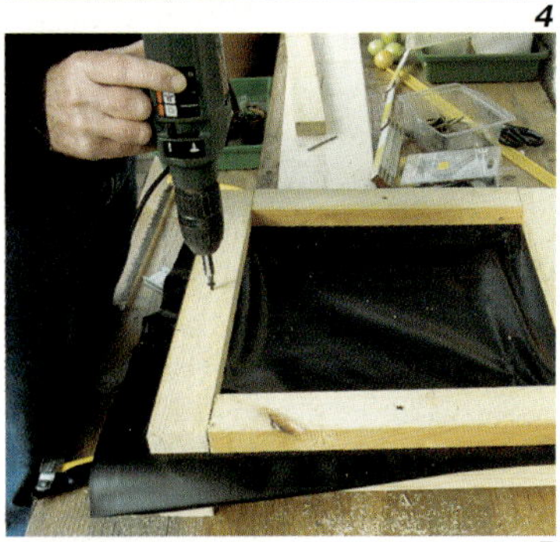

5

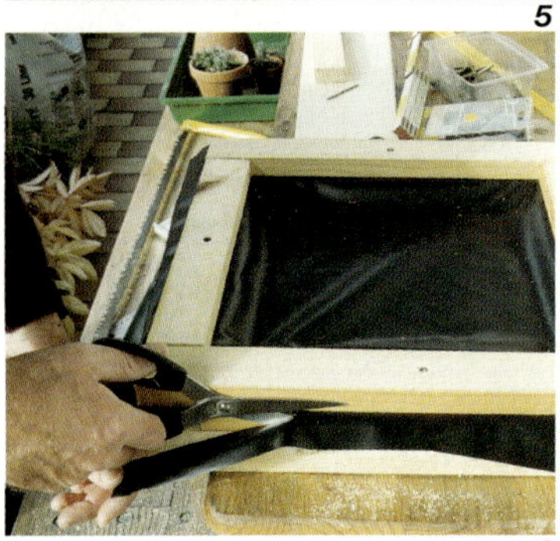

6

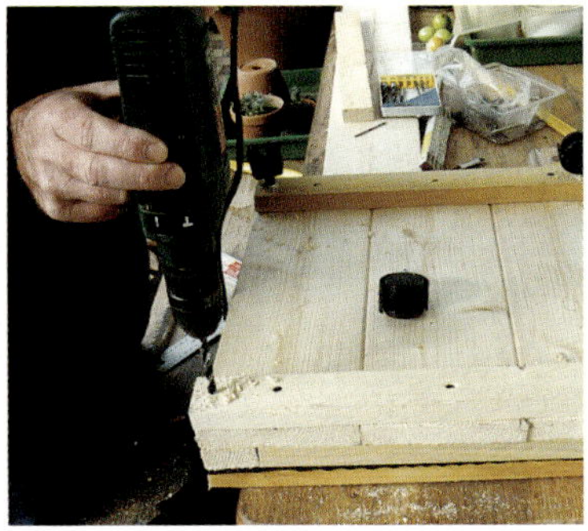

7

Für andere Grundflächen müssen entsprechende Brettstücke mit anderen Maßen zu besorgt werden. Passende **Möbelrollen** gibt es in verschiedenen Qualitäten. Zum Zusammenbauen dienen gewöhnliche Holzschrauben in den richtigen Größen.

Zunächst werden die Holzbauteile zugeschnitten. Das geht mit einer Bügelsäge leicht von der Hand. Wenn mehrere Untersetzer in Serie entstehen sollen, erleichtert eine Kreissäge den Holzzuschnitt.

2 Der Zusammenbau der Bretter zu einer Holzplatte erfolgt mithilfe von zwei Dachlattenstücken. Falls erwünscht, ist der Bau solcher Rollborde auch mit edleren Hölzern machbar. Sägeraue Latten können bereits vor dem Zusammenbau gehobelt und mit Schleifpapier behandelt werden.

3 Als Rahmen für die Teichfolie dienen ebenfalls Dachlattenstücke, die rundherum am Rand befestigt werden. Wenn eine höhere Wasserauffangschale geplant ist, setzt man anstelle von gewöhnlichen Dachlatten dicke Latten mit quadratischem Querschnitt ein – oder die Dachlatten werden hochkant befestigt.

4 Auf den fertigen Rahmen kommt jetzt das Teichfolienstück. Im Handel sind neben schwarzen auch braune oder besandete Teichfolien erhältlich.

Eine wasserdichte Auskleidung des Rollbords ist aber auch ohne Folie möglich. Man verwendet dazu kleine Fliesen, die mit einem wasserfesten Kleber verfugt werden. Allerdings ist nach dem Platzieren der Topfpflanzen nur noch wenig von der Folie zu sehen.

5 Nach dem Ausbreiten kann die Folie mit einem zweiten Rahmen aus Dachlatten fixiert werden. Zu beachten ist, dass die Folie möglichst faltenfrei auf dem Bord liegt.

Dünne Teichfolien (mit 0,5 mm Dicke) lassen sich übrigens leichter ausbreiten als dicke (mit 1 mm oder mehr).

Sobald die Folie liegt, erfolgt die Befestigung der Rahmenhölzer. Dazu genügt jeweils eine Schraube in der Mitte. Schöner sieht ein geschlossener Rahmen aus, der an den Ecken verzapft oder aufgesattelt ist. Dazu müssen die Latten vorher zugeschnitten werden.

6 Überstehende Ränder lassen sich mit einer Schere bündig abschneiden. Einen exakten Schnitt direkt am Holz ermöglicht ein Teppichmesser. Ebenso können die Schnittstellen vor dem Zusammenbau mit einem Faserstift markiert werden. Der Zuschnitt erfolgt dann bereits vor dem Festschrauben des Holzrahmens.

Profitipp
Teichfolie ist verrottungssicher und wetterfest. Diese Spezialfolie verträgt auch ständige Sonneneinstrahlung. Andere, gewöhnliche Kunststofffolien sind ungeeignet. Sie werden mit der Zeit brüchig.

7 Möbelrollen machen den Untersetzer mobil. Einfache Kunststoffrollen gibt es für einige Euro pro Stück. Hochwertige Metallrollen mit Kugellager kosten mehr als 10 €. Die Auswahl der Rollen richtet sich nach dem Gewicht der Kübelpflanzen und dem Boden, auf dem das Rollbord steht beziehungsweise fahren soll.

8/9 Je nach Bedarf können beliebig viele solcher Rollbretter in verschiedenen Größen gefertigt werden. Falls erwünscht, ist auch eine farbige Gestaltung mit einer geeigneten Holzlasur möglich.

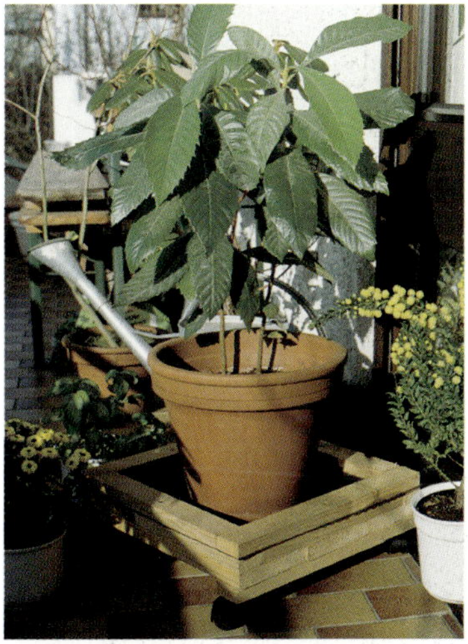

8

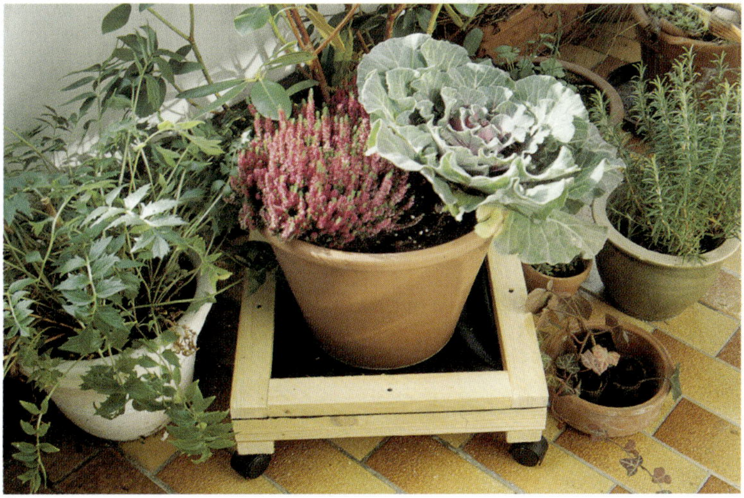

9

Rollender Sichtschutz mit Begrünung

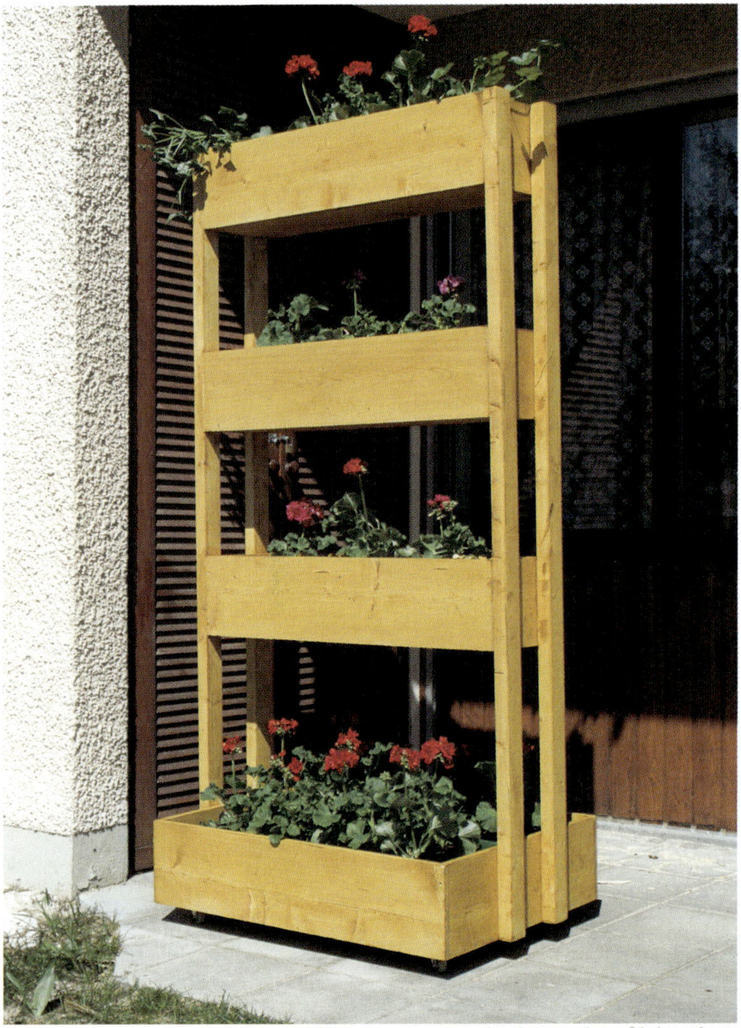

Eine Etagere ist ein dekorativer Sichtschutz

Material
Bretter, Latten, Holzdübel, Holzleim, Möbelrollen, Blumenkästen, Untersetzer, Vliesmatten, Blähton, Pflanzsubstrat, Pflanzen.

Werkzeug

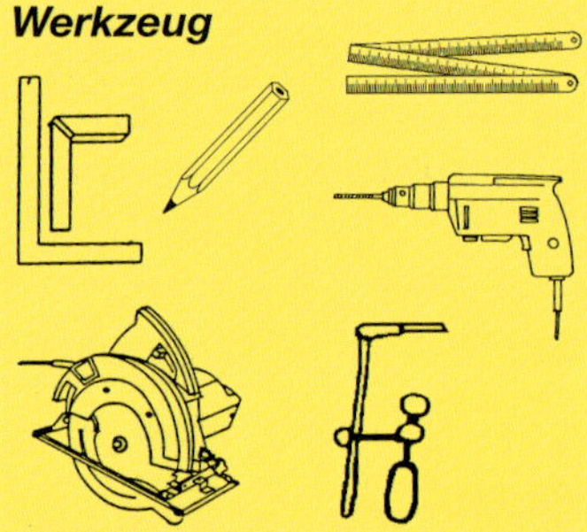

Schwierigkeitsgrad

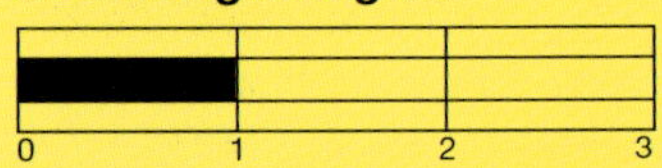

Kraftaufwand

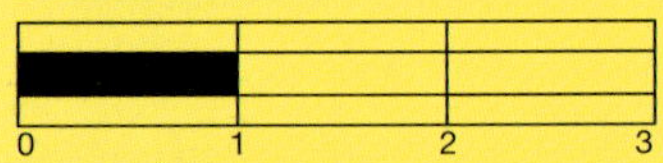

Arbeitszeit
Sie brauchen etwa 1 Tag zum Anfertigen einer Etagere.

Ersparnis
Durch Eigenleistung sind etwa 100 € zu sparen.

Terrassen in neuen Gärten liegen nach der Anlage noch ohne Sichtschutz am Haus. Es dauert einige Zeit, bis die Sträucher aufgewachsen sind und einen dichten Pflanzstreifen bilden. Bis dahin dienen große Kübelpflanzen und hohe Pflanzenmöbel zur Abschirmung.

Eine massive Blumenetagere ist einfach zu bauen. Die Investition für das Bauholz, die Plastikkästen und die Erde lohnt sich, denn das fertige Möbel lässt sich im Sommer draußen und im Winter drinnen als **Raumteiler** nutzen.

Nach der Gartensaison nehmen statt der Pelargonien oder anderer Sommerblumen ausgewählte Zimmerpflanzen den freien Platz in den Kästen ein.

1 Die Bauteile sind hier bereits passend zugeschnitten. Als Maß dienen Plastikkästen, die es in Längen von 60, 80, 100 oder 120 cm zu kaufen gibt.

Dementsprechend ist die Breite des Möbels zu wählen: Beim Einsatz von 80er-Pflanzenkästen etwa müssen die Holzkästen einen Innenraum von mindestens 80 cm Länge haben.

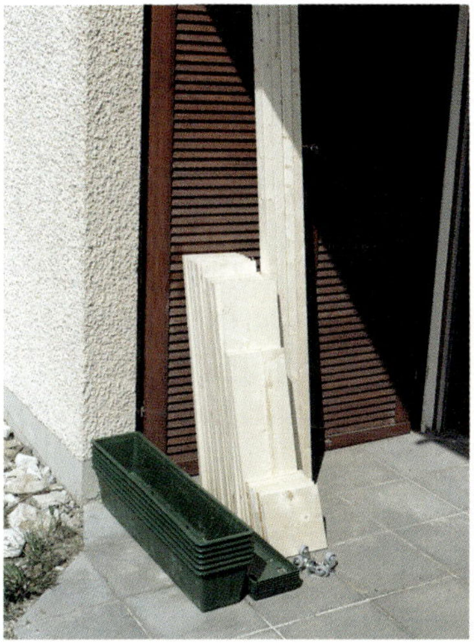

1

Die Höhe des Möbels richtet sich nach der Anzahl der Holzkästen. Beim Einbau von drei Etagen und einem Bodenkasten erreicht der Aufbau eine Höhe von 180 cm. So bleiben noch ausreichend große Abstände, die den Pflanzen genügend Raum zur Entfaltung bieten.

Der hohe Aufbau braucht jedoch eine großflächige Basis, damit der Wind das fertige Möbel nicht umwirft. Der Bodenkasten muss deshalb ausladend beschaffen sein. Er hat innen eine Grundfläche von 80 x 60 cm. Dadurch haben drei

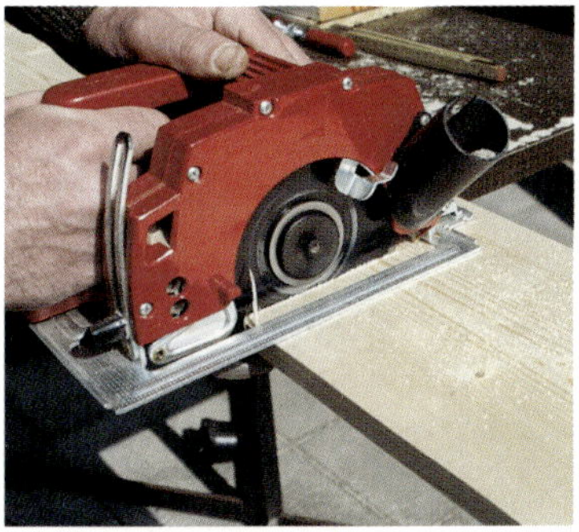

2

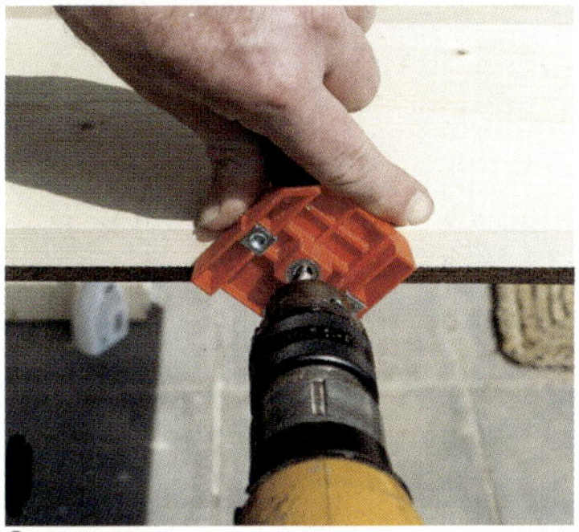

3

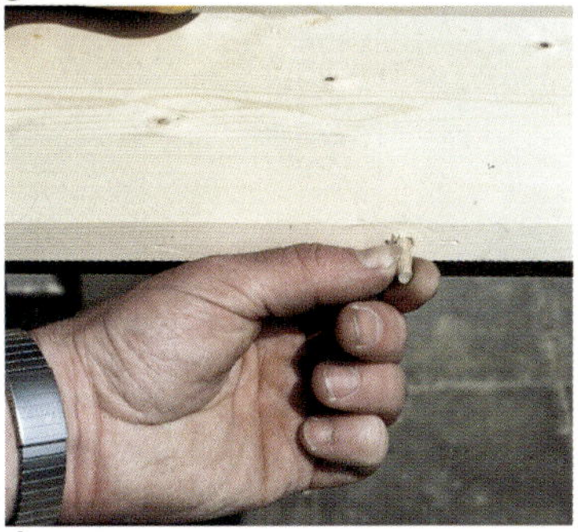

4

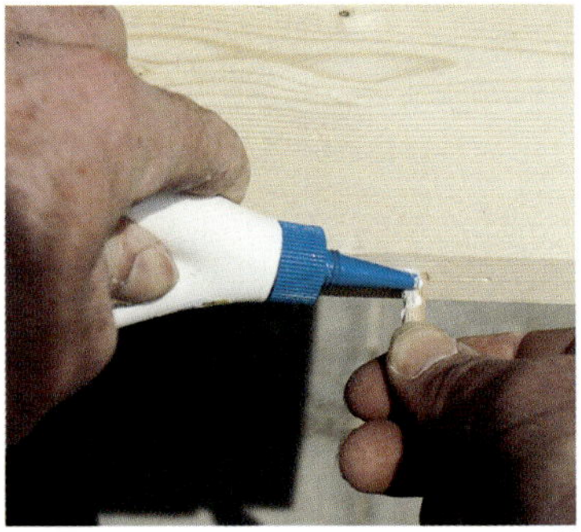

5

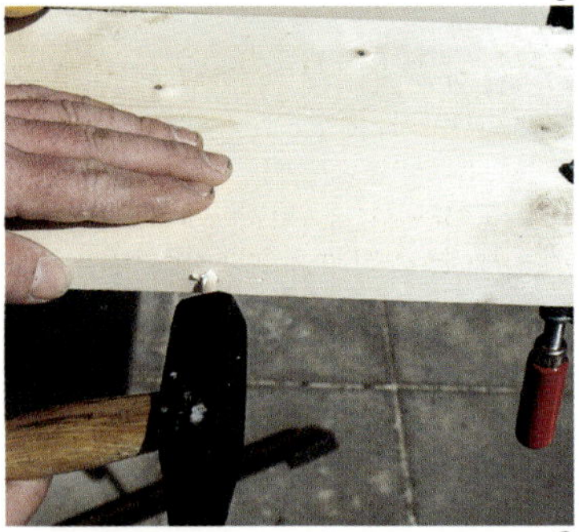

6

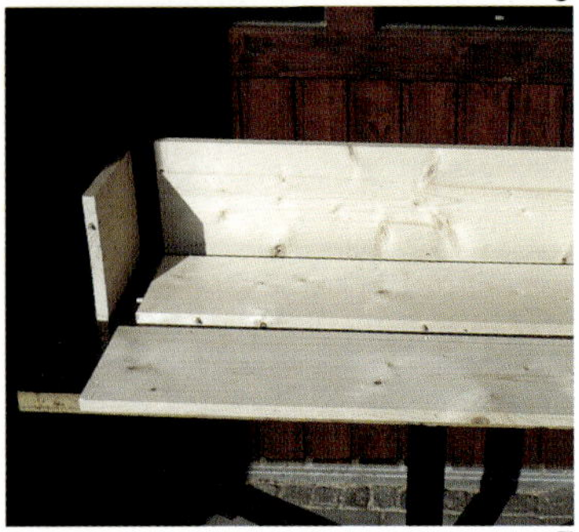

7

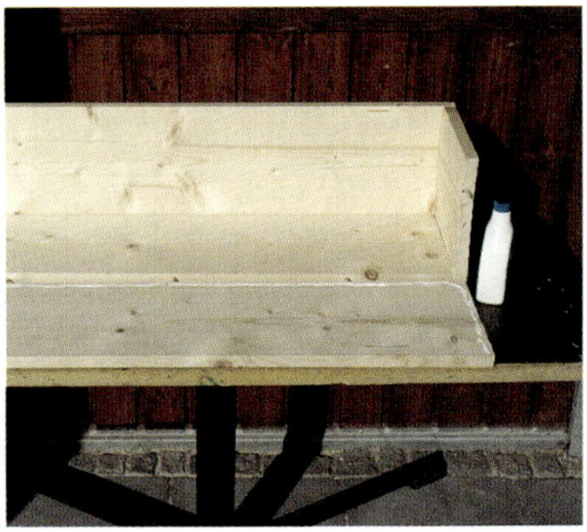

8

Kunststoffkästen nebeneinander Platz. Die oberen Etagen nehmen jeweils einen Plastikblumenkasten auf, sie sind nur 20 cm breit.

2 Den Zuschnitt der Bretter erleichtert eine **Handkreissäge**. Dazu muss man das Holz auf einem Arbeitstisch fixieren. Beim Arbeiten mit der Kreissäge ist Vorsicht geboten. Die Schutzvorrichtungen dürfen nicht entfernt werden. Beim Sägen im Freien ist eine Staubabsaugung unnötig.

3 Zunächst werden die einzelnen Holzkästen gebaut. Beim Bohren helfen so genannte Holzdübler. Diese einfachen Geräte sind leicht zu handhaben; es gibt verschiedene Typen, die alle exaktes Bohren ermöglichen. Schraubverbindungen sind selbstverständlich schneller zu bewerkstelligen und genauso stabil. Allerdings bleiben die Schraubenköpfe dann sichtbar.

4 Holzdübel dagegen sind unsichtbar und machen doch stabile Konstruktionen möglich. Die einzelnen Dübel sitzen nach dem Bohren mit dem Hilfsgerät exakt in der Mitte. Die Dübelstärke richtet sich nach der Dicke der Bretter. Im Handel sind Holzdübel in verschiedenen Größen erhältlich.

5 Für Kästen im Freien empfiehlt sich das Einstreichen der Dübel und der Brettkanten mit wasserfestem Holzleim. Die Dübel sind geriffelt, sodass der Leim beim Zusammenbauen der Bretter in den Rillen haften bleibt.

6 Nach dem Festklopfen mit dem Hammer sitzen die Dübel stramm in den Bohrungen. Sowohl beim Montieren mit Dübeln als auch beim Zusammenbau mit Schrauben dauert der gesamte Aufbau bei vier Etagen etwa einen Tag.

Für den Bau eines Kastens ist mit einer Arbeitsstunde zu rechnen. Hinzu kommt die Zeit für die Er-

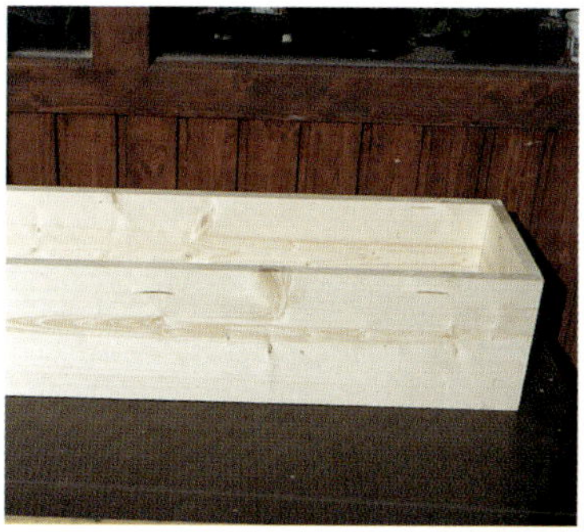

9

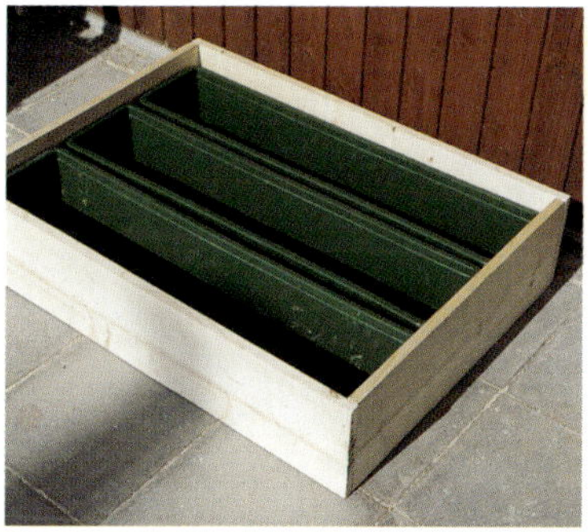

10

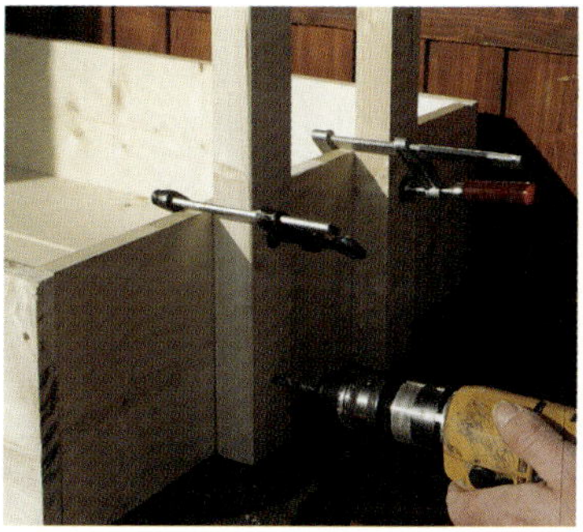

11

richtung der Seitenstreben, den Einbau der Kästen, das Streichen mit Farbe und die Bepflanzung.

7 Hier wurden die Seitenteile bereits mit Dübeln bestückt. Zu sehen sind noch die Hilfslinien, die zum Arbeiten mit dem Holzdübler benötigt werden.

8 Der Zusammenbau erfolgt sofort nach dem Einstreichen mit Leim. Das anschließende Festklopfen mit dem Hammer – vorzugsweise einem Gummihammer, um Beschädigungen am Holz zu vermeiden – presst die Bauteile fest zusammen.

9 Die einfachen Holzkästen können auch frei stehend – etwa auf einer Fensterbank – genutzt werden. Sie lassen sich in beliebigen Größen mit wenigen Bauteilen und einfachen Werkzeugen anfertigen.

Der Zuschnitt der Bretter ist auch mit einer Bügelsäge oder einer **Stichsäge** möglich.

Teichfolienstücke oder Untersetzer aus Kunststoff nehmen das überschüssige Gießwasser auf und bewahren das Holz vor Nässe und Fäulnis.

10 Der Basiskasten ist so beschaffen, dass drei Kunststoffeinsätze darin Platz haben. Auch sie stehen auf Untersetzern, die überschüssiges Gießwasser auffangen. Der breite Kasten am unteren Ende des Gestells gibt der fertigen Etagere die nötige Standfestigkeit.

11 Die Kästen werden von unten nach oben zwischen vier Kanthölzer eingebaut. Dabei sind Schraubzwingen hilfreich. Sie halten die Bauteile während des Zusammenschraubens sicher fest.

12 Vorher müssen die Kanthölzer genau im rechten Winkel eingerichtet werden. Als Abstand von Etage zu Etage genügen 30 cm. Die Abstände zwischen den seitlichen Streben richten sich nach der Breite der oberen Holzkästen.

13 Die Schrauben bleiben unsichtbar, wenn man sie von innen nach außen durch die Kastenwände hindurch in die Kanthölzer dreht. Das Vorbohren ist bei gebräuchlichen Spaxschrauben (Spanplattenschrauben) nicht nötig.

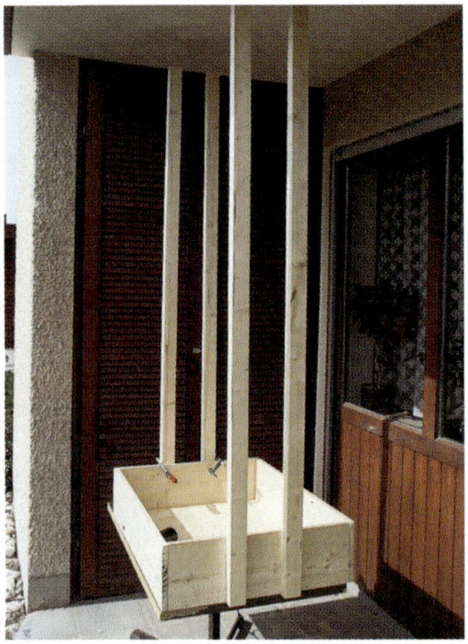
12

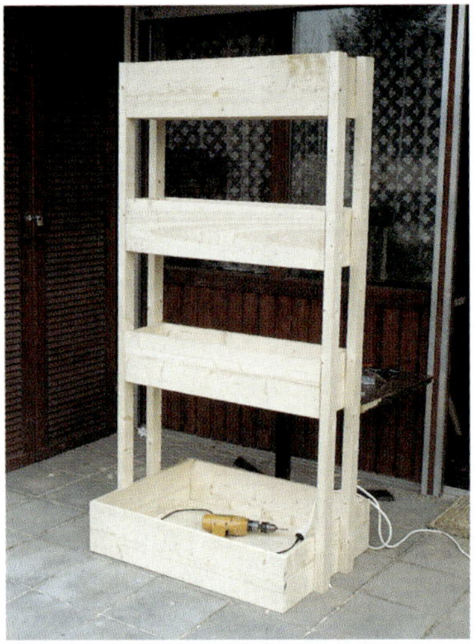
14

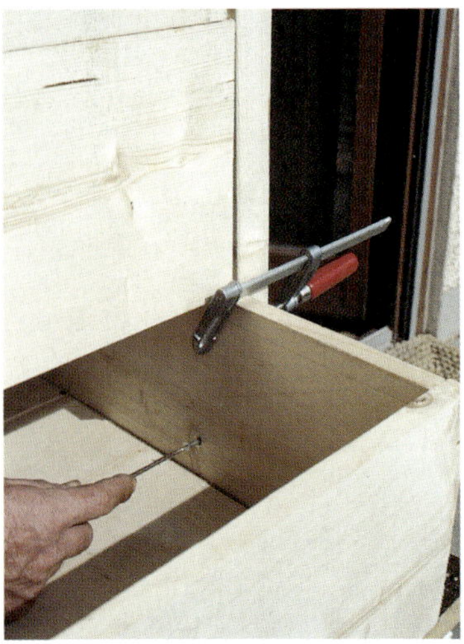
13

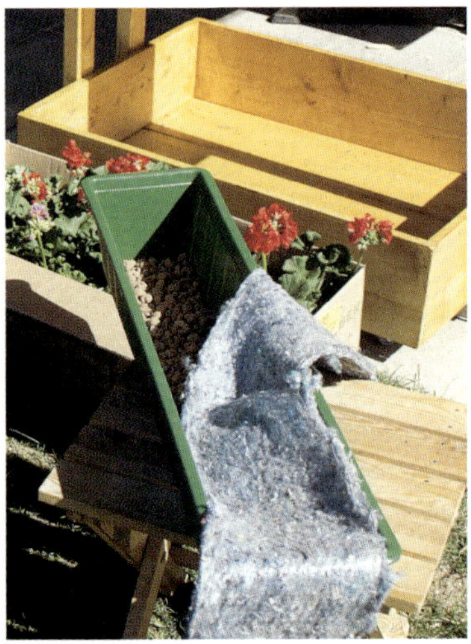
15

14 Nach der Fertigstellung des Möbelstücks sind nur noch die Rollen zu montieren, dann ist die Etagere jederzeit leicht beweglich. Dafür eignen sich Möbelrollen, die in verschiedenen Qualitäten zu bekommen sind.

Mehrfaches Streichen mit einem ausgewählten Holzschutzmittel macht die Etagere dauerhaft wetterfest. Das kann eine **Lasur** sein oder ein farbiger **Lack**, der mit einem Pinsel oder einem Roller aufgetragen wird.

15/16 Zur Bepflanzung dienen Pelargonien oder andere Balkonblumen. Im Frühjahr ermöglicht das Angebot der Gärtnereien eine bunte Auswahl.

Vorkultivierte Topfpflanzen sind schon gut durchwurzelt. Sie wachsen zügig an und bringen schon bald reichlich Blüten.

Die Kunststoffkästen werden durchbohrt und mit Blähton drainiert. Auf die Entwässerungsschicht kommt Vlies, damit das Wasser durchsickert, die Erde aber erhalten bleibt. Plastikuntersetzer fangen überschüssiges Wasser auf.

17 Nach dem Befüllen mit Pflanzsubstrat erhalten die Sommerblumen ihren Platz. In einen 80er-Kasten passen etwa vier kräftige Pelargonien.

Besonders üppige Bepflanzungen entwickeln sich, wenn stehende Sorten mit hängenden Gewächsen kombiniert werden.

Kostenaufstellung für eine Etagere

Material:

ca. 1,2 qm Bretter (19 x 1,6 cm)	ca. 30 €
8 m Kanthölzer (3 x 5 cm)	ca. 10 €
4 Möbelrollen	ca. 10 €
Farbe, Dübel, Schrauben, Leim	ca. 10 €
	ca. 60 €

Bepflanzung:

6 Plastikkästen	ca. 30 €
6 Untersetzer	ca. 30 €
Erde, Blähton, Vlies	ca. 20 €
Pflanzen	ca. 20 €
	ca.100 €

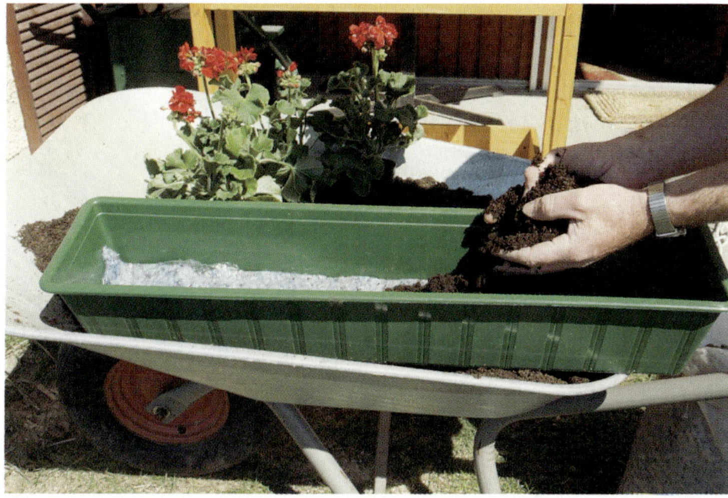

16

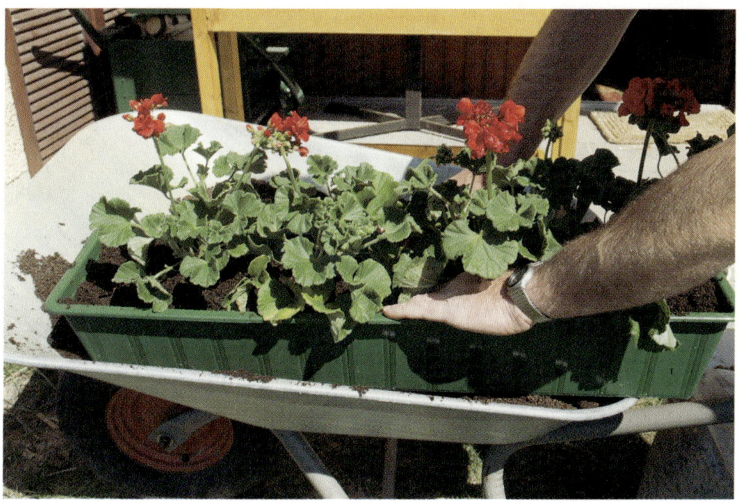

17

Rustikale Pflanzgefäße aus Baumstämmen

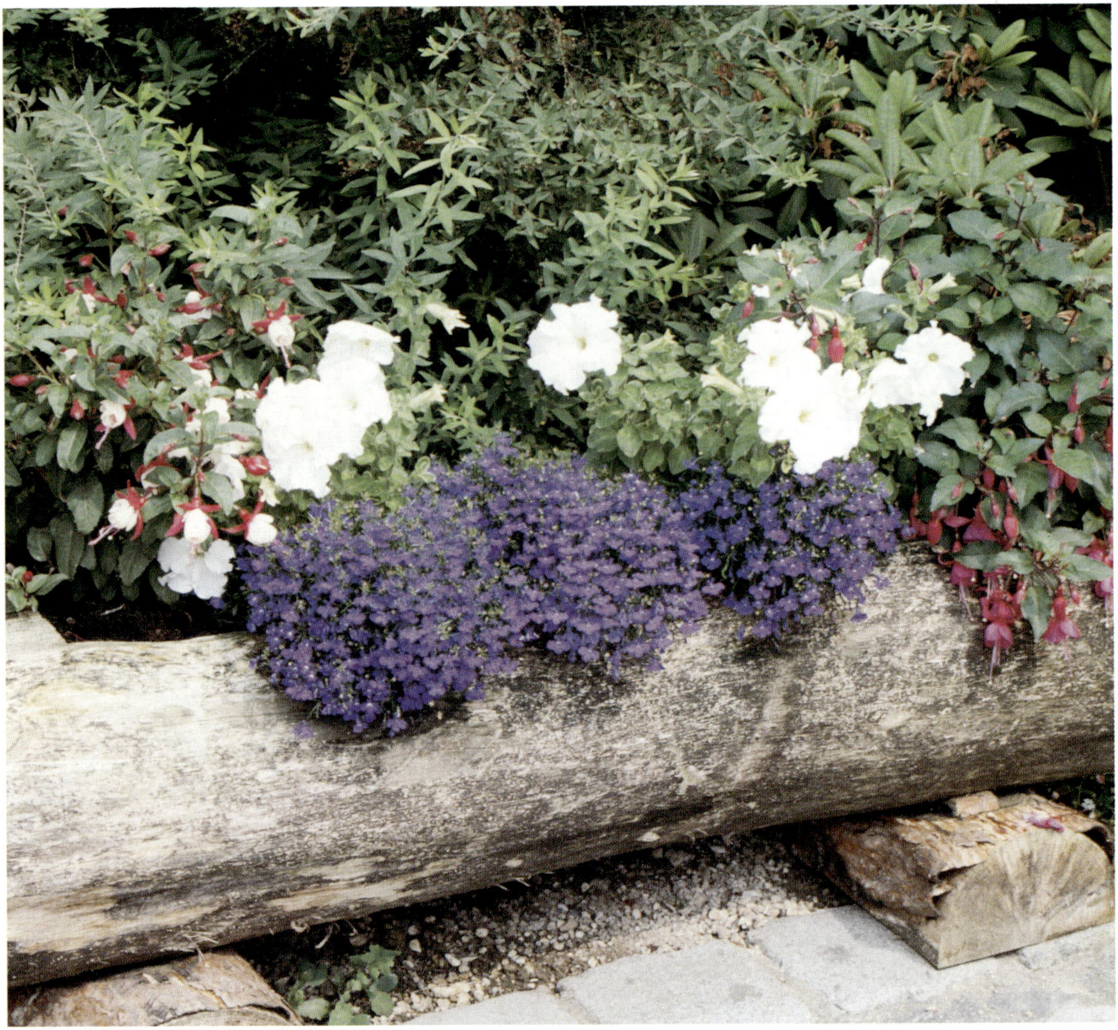

Material
Stammstücke.

Werkzeug

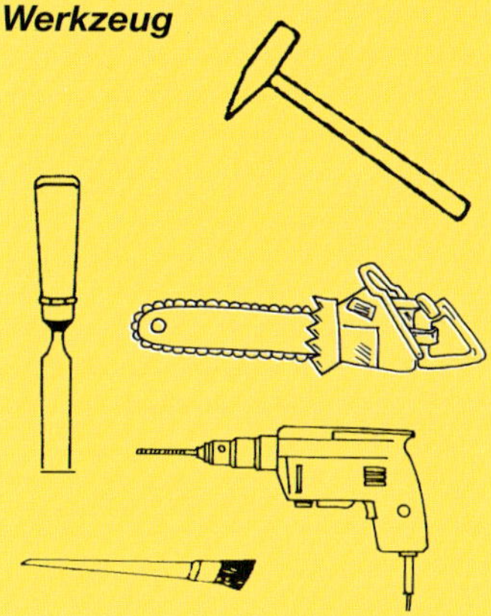

Schwierigkeitsgrad

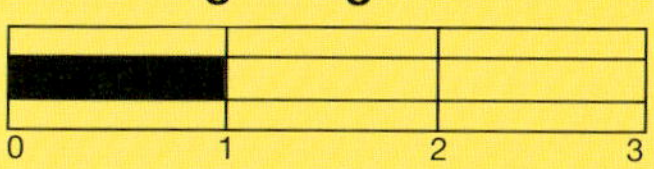

Kraftaufwand

Arbeitszeit
Sie brauchen etwa 2 Stunden zum Anfertigen eines Trogs.

Ersparnis
Durch Eigenleistung sind etwa 50 € zu sparen.

Ein Baumstammstück lässt sich mit einer **Kettensäge** und einem Stecheisen recht einfach zu einem rustikalen Pflanztrog umwandeln. Allerdings ist für die Herstellung solcher Tröge Erfahrung im Umgang mit der Motorsäge nötig.

Das Stammstück wird zunächst mit der Säge tief eingekerbt. Danach stemmt man den ausgeschnittenen Holzkern mit dem Stecheisen aus. Als Unterlage für den Pflanztrog dienen zwei kurze Stammstücke, die ebenfalls mit der Säge eingekerbt werden, sodass der Trog fest aufliegt.

Solche Holztröge bieten sich beispielsweise als Balkonkästen oder als Blumenkästen für den Garten an. Eine Imprägnierung ist unnötig, da die Rundhölzer auch unbehandelt viele Jahre haltbar sind.

Für einen kurzen Trog genügt ein Stammstück, das beispielsweise bei der Brennholzgewinnung aus dem Forst zu bekommen ist. Neben Fichten- oder Kiefernstämmen eignen sich auch andere Holzarten. Wichtig ist, dass das Werkstück bei den Sägearbeiten sicher aufliegt. Festen Halt bietet beispielsweise ein Sägebock.

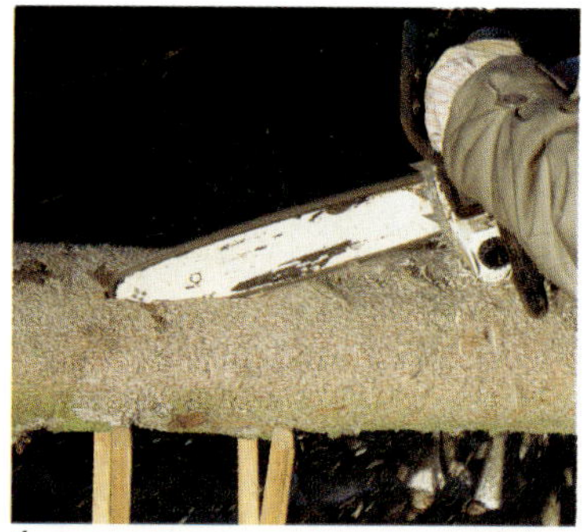
1

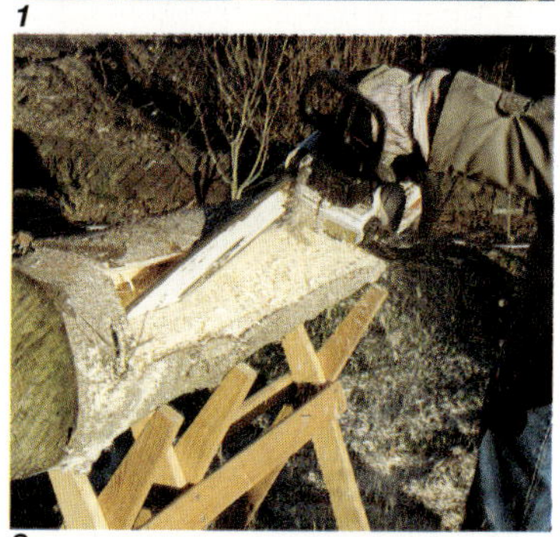
2

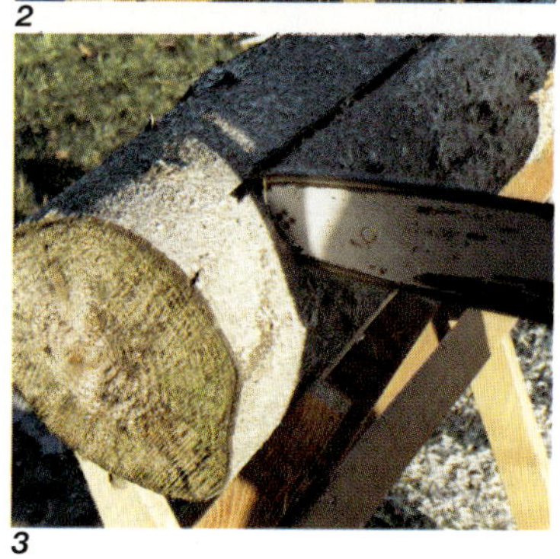
3

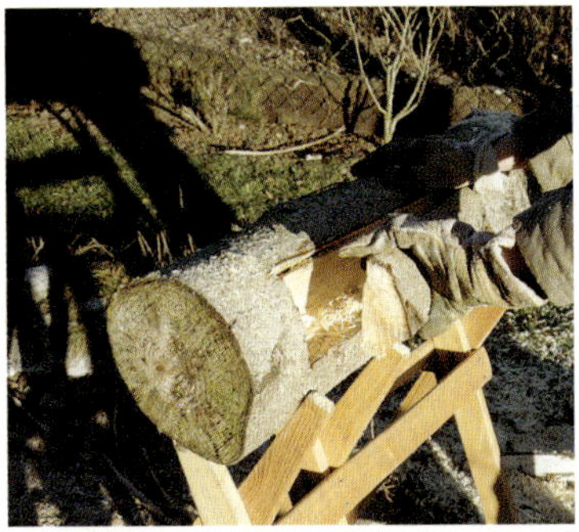
4

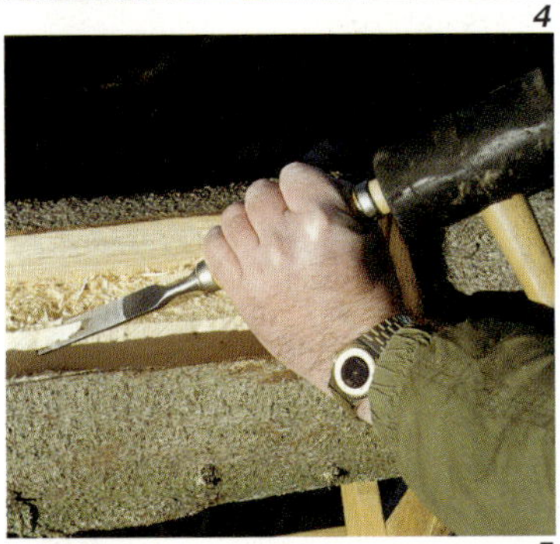
5

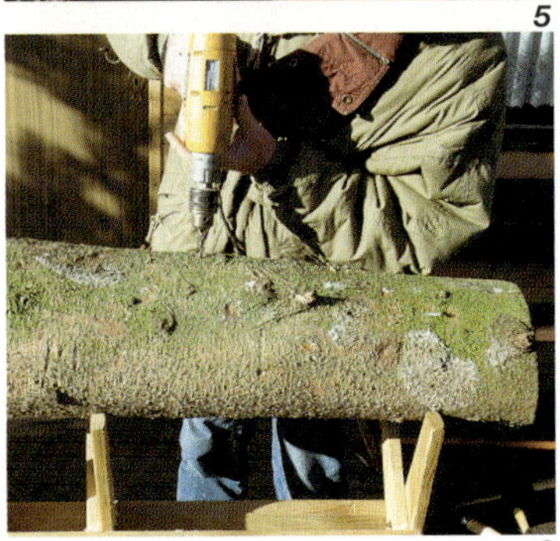
6

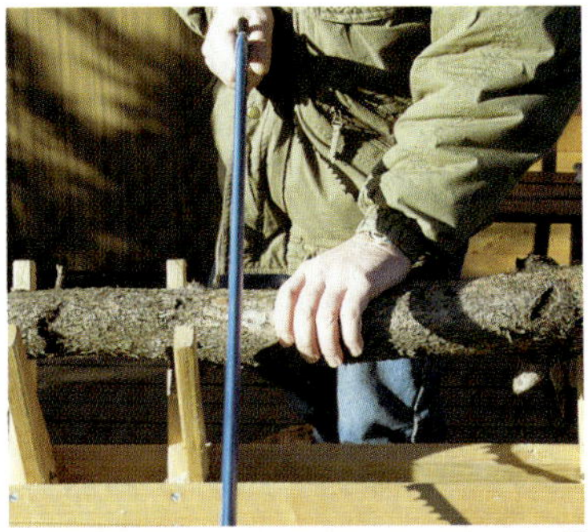
7

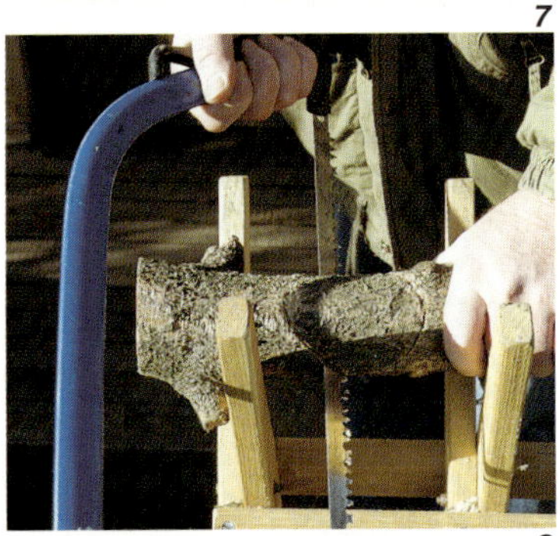
8

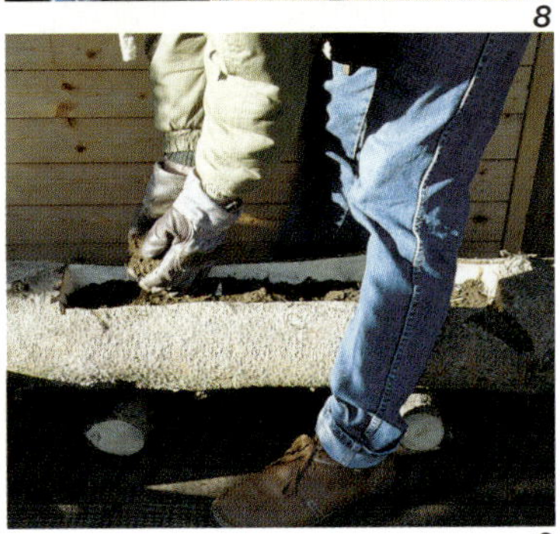
9

1 Zunächst erhält das Rundholz einen Längsschnitt mit der Kettensäge. Beim Arbeiten mit diesem Motorgerät ist auf einen guten Stand und einen festen Griff zu achten. Das Tragen von geeigneter Schutzkleidung bewahrt vor Verletzungen beim Abgleiten des Sägeschwerts.

2 Nach dem ersten Längsschnitt in das Holz kommt ein zweiter Schnitt in derselben Tiefe an die Reihe. Der Abstand zum ersten Schnitt richtet sich nach der erwünschten Breite der Pflanzmulde und natürlich auch nach dem Durchmesser des Stammstücks.

3 Nach dem Einschneiden in der Länge erfolgen zwei Schnitte in der Breite. Dabei wird mit dem Schwert in das Rundholz gestochen. Bei dieser Arbeit ist besondere Vorsicht geboten.

4 Sobald vier tiefe Einschnitte in das Stammstück bewerkstelligt sind, lässt sich der Holzkern herauslösen. Dabei wird mit dem Stecheisen nachgeholfen.

5 Bis der Trog den passenden Ausschnitt zum Bepflanzen hat, kommt das Stecheisen zum Einsatz. Beim Ausstemmen werden störende Stellen entfernt. Dabei kann auch die Tiefe der Pflanzmulde nachgebessert werden.

6 Wie jedes Pflanzgefäß erhält auch der Holztrog Wasserablauföffnungen. Gewöhnlich genügen dafür einige Bohrungen im Boden.

7 Damit der fertige Rundholztrog nicht rollt, braucht er eine passende Unterlage. Dazu dienen zwei kurze Rundhölzer vom selben Stamm oder von zwei dünneren Ästen. Diese werden auf die passende Länge zugeschnitten.

8 Zwei ovale Ausschnitte in den Unterleghölzern verhindern das Abrollen. Sie werden der Form und Größe des Holztrogs angemessen. Dieser liegt durch sein Gewicht sicher auf den beiden Rundhölzern auf. Er kann zusätzlich mit Schrauben befestigt werden.

9 Der Trog steht zum Bepflanzen bereit. Auf eine dünne Schicht Blähton als Drainageschicht und einen Faservlies kommt das Erdsubstrat. Für gewöhnliche Gehölze oder Sommerblumen dient Einheitserde oder ein Gemisch aus Blähtongranulat, Kompost und Gartenerde. Für Sonderkulturen erhält der Trog eine Füllung mit speziellem Substrat.

10 Zur Begrünung eignen sich kleine Gehölze wie etwa Zwergkiefern, Rhododendren und Eriken, die im Winter dekorativ wirken. Diese Bepflanzung kann auch im Sommer erhalten bleiben, zumal sie ausdauernd und bei entsprechender Pflege mehrjährig ist.

11 Rundholztröge passen auf die Veranda eines Gartenhauses. Sie lassen sich aber auch auf freie Plätze direkt in den Garten stellen.

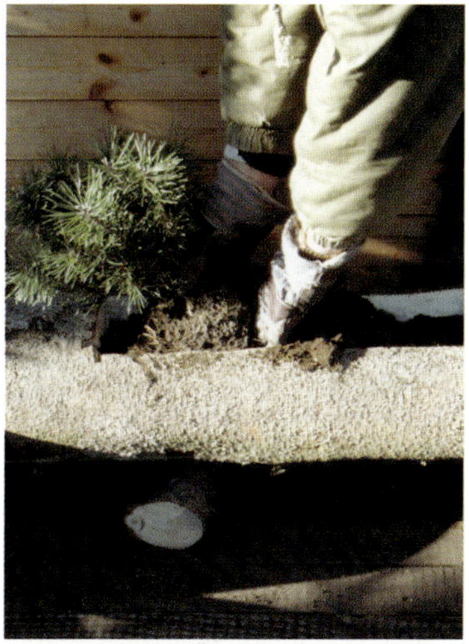

10

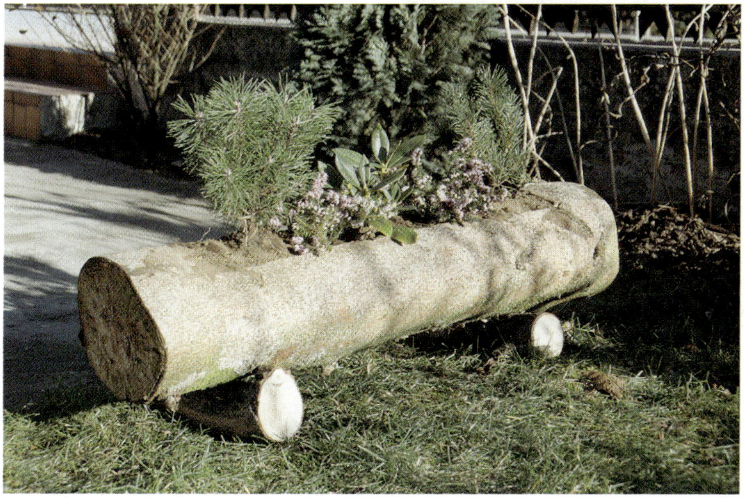

11

Blumenampeln aus Draht

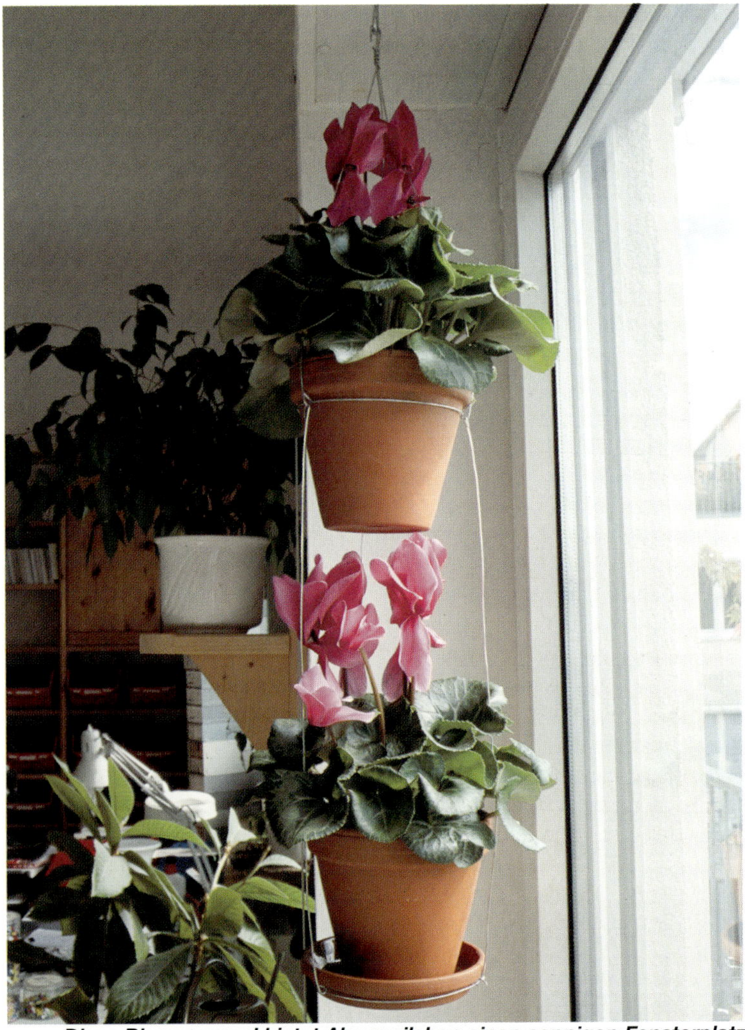

Diese Blumenampel bietet Alpenveilchen einen sonnigen Fensterplatz

Material
Draht, Ringschrauben, Dübel.

Werkzeug

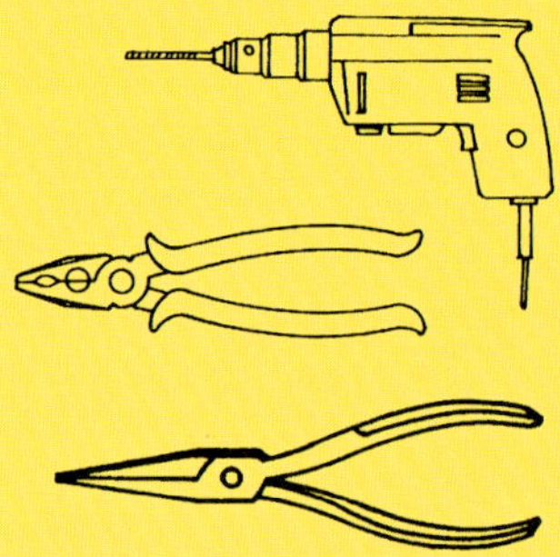

Schwierigkeitsgrad

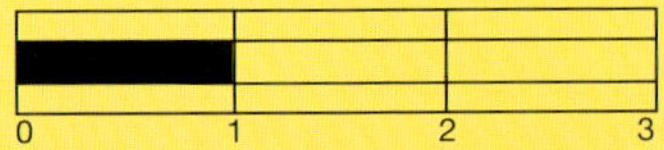

Kraftaufwand

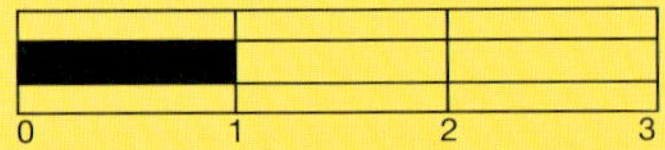

Arbeitszeit
Sie brauchen etwa 1 Stunde zum Anfertigen und Befestigen einer Ampel.

Ersparnis
Durch Eigenleistung sind etwa 10 € zu sparen.

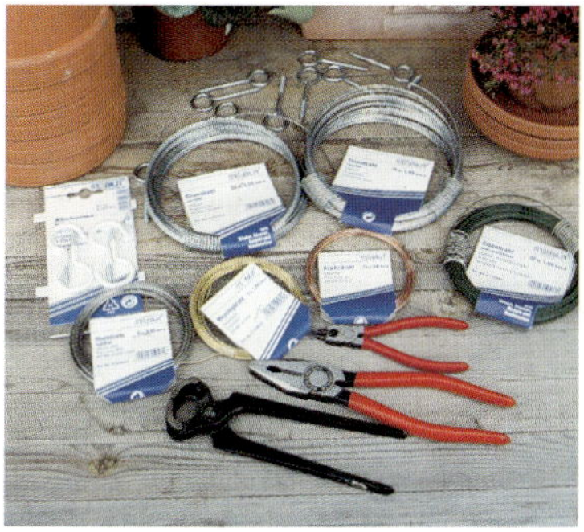

1

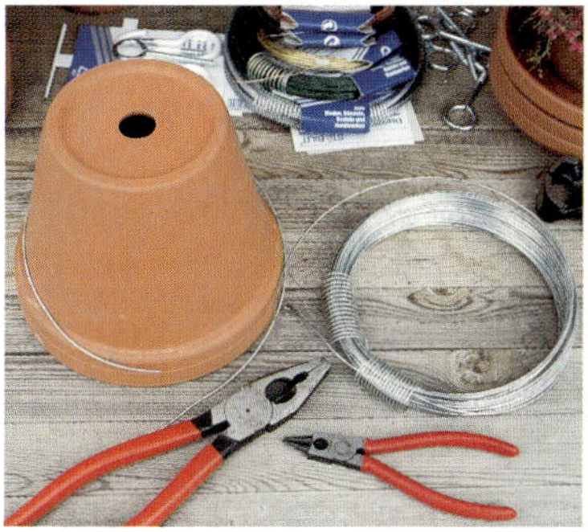

2

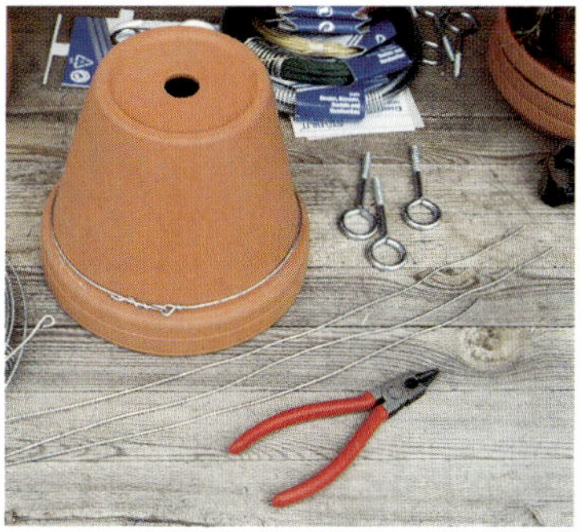

3

Topfpflanzen, die überhängende Triebe bilden, brauchen Raum zur Entfaltung. Sie sind gut in Blumenampeln untergebracht. Aber auch aufrecht wachsende oder breitbuschige Arten lassen sich in hängenden Pflanzgefäßen kultivieren.

Mit einfachen Drahtgestellen werden gewöhnliche Tontöpfe zu Ampeln umfunktioniert.

Als Ampelpflanzen kommen gewöhnlich Kletterpflanzen wie Efeu, Klimmen oder Wachsblumen zum Einsatz oder auch Schwertfarne, Grünlilien und andere Arten, die breite Büsche mit überhängenden Blättern bilden. Sie haben in luftigen Körben oder frei schwebenden Töpfen ideale Ausbreitungsmöglichkeiten.

Ampeln dienen im Freien als besondere Pflanzgefäße und Gestaltungselemente. Sie nehmen beispielsweise am Balkon überhängende Klettererdbeeren auf oder bieten günstige Wachstumsbedingungen für Hauswurzen und andere wintergrüne Gewächse.

Im Sommer kommen zudem Geranien, Petunien und andere Dauerblüher zur Geltung.

Selbst gebaute **Blumenampeln** werden für vorhandene Topfpflanzen oder besondere Gefäße gebraucht. So lässt sich jede beliebige Zimmer- oder Balkonpflanze mit einfachen Mitteln in eine Ampelpflanze umwandeln. Hier erhalten Alpenveilchen dadurch einen freien, hellen Fensterplatz.

1 Zuerst werden Drahtstücke passend zugeschnitten, zugerichtet und befestigt. Drähte sind in verschiedenen Stärken aus Edelstahl, verzinktem Stahl, mit Kunststoffummantelung, aus Kupfer oder Messing erhältlich. Zum Zurichten braucht man Zangen.

2 Als Halterung dient ein Drahtring, der dem Pflanzgefäß angemessen wird. Dieser Ring sollte so befestigt sein, dass er direkt unter der Topfkrempe sitzt.

Die Befestigung ist auch an Untersetzern möglich, die eine Krempe haben. Zu beachten ist ein strammer Sitz, damit das jeweilige Gefäß nicht durchrutscht – besonders wenn es mit schweren Pflanzen bestückt ist.

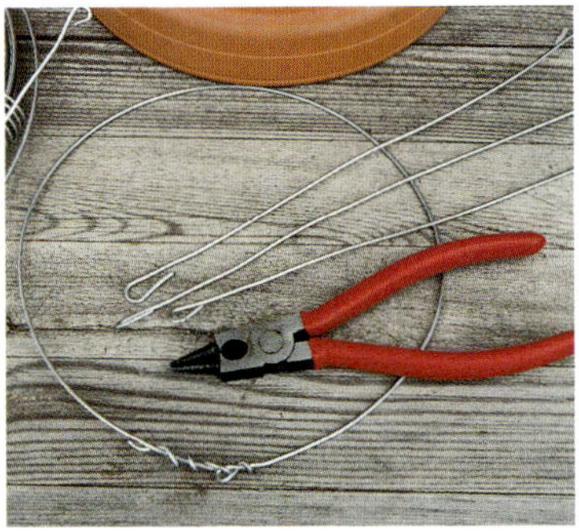

4

3 Nach dem Zurechtbiegen des Halterings für den Topf werden die Gestänge zum Einhängen abgelängt und geradegerichtet.

4 Beim Formen von Haken jeweils am Ende der Drähte ist eine Rundzange hilfreich. Damit sind schöne Rundungen machbar. Allerdings ist das Formen nicht ganz einfach.

Es lohnt sich deshalb, zunächst eine kleine Ampel zu fertigen. Dazu eignet sich ein gebräuchlicher Bindedraht, der einfach zu bearbeiten ist und dennoch eine hohe Zugfestigkeit gewährleistet.

5 Die Länge der Haltedrähte richtet sich nach der Größe der Pflanze. Das Gestänge ist in wenigen Minuten angefertigt.

Für große Gefäße wird ein ausreichend dicker Draht benötigt, kleine Ampeln lassen sich einfacher mit dünnem Draht herstellen, der sich auch ohne besondere Werkzeuge leicht biegen lässt. Bei der Auswahl des Drahts sollte die Biegsamkeit geprüft werden.

Am besten werden verschiedene Drähte mit unterschiedlichen Stärken beschafft. Denn Drähte werden auch für andere Arbeiten immer wieder gebraucht. Natürlich können für den Bau solcher Blumenampeln statt Drähten auch Schnüre verwendet werden.

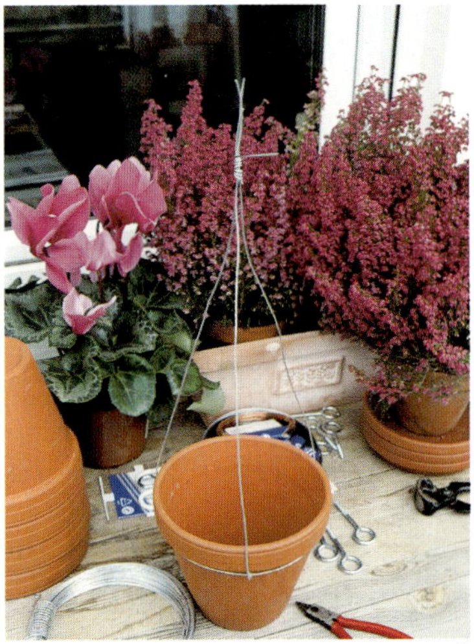

5

6 Mithilfe dieser leichten Konstruktionen lassen sich auch gewöhnliche Zimmerpflanzen wie Alpenveilchen in luftige Höhen bringen. Beim Einsetzen der Pflanze in den Drahtring ist darauf zu achten, dass dies ohne Beschädigungen der Blätter erfolgt.

7 Oben werden die drei Drähte mit einem Drahtstück umringt und zu einem Haken gebogen. Auch dabei ist eine Rundzange nützlich.

Die Größe des Hakens richtet sich nach der Ringschraube in der Decke beziehungsweise nach an-

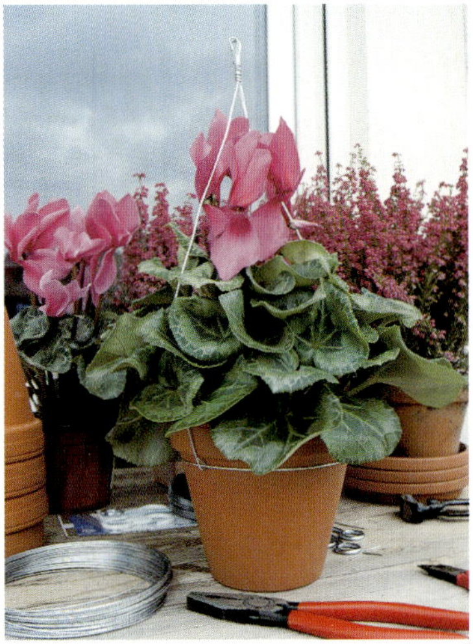

6

deren Befestigungselementen, die zum Einhängen dienen. Der biegsame Draht macht das Formen beliebiger Haken in jeder Größe möglich.

8 Der dünne Draht ist durchaus belastbar. Dadurch können mehrstöckige Ampeln gestaltet werden. Nach dem Zurichten der Drähte für die untere Etage und der Ausformung des Halterings wird das Drahtgestell zur Probe in den oberen Ring eingehängt. Wenn der Abstand passt, erhält die zweite Pflanze Platz im Ring.

Tropfendes Gießwasser durch die Wasserabzugslöcher ist zu verhindern, indem die untere Pflanze einen Untersetzer erhält. Dazu wird der Drahtring dem Untersetzer angemessen. Diese Art der Befestigung kann man natürlich auch bei einer Ampel mit nur einem Topf verwirklichen.

9 Bei Töpfen, die am Boden ein Wasserabzugsloch in der Mitte haben, ist die Umwandlung in eine Blumenampel mit nur einem Drahtstück möglich. Dazu wird der Draht von unten durch das Abzugsloch in den Wurzelballen der Pflanze gestochen und nach oben durchgezogen. Den nötigen Halt gibt ein Holzdübel oder ein Rundholzstück, das unten am Draht befestigt wird.

Oben lässt sich das Drahtende wie gewöhnlich zu einer Öse oder zu einem Haken biegen und an die Decke, an den Fensterstock oder an das Balkongeländer hängen.

Natürlich kann man diese Methode nur bei staudenartigen oder buschigen Topfpflanzen anwenden, denen das Durchführen des Drahtes nicht schadet.

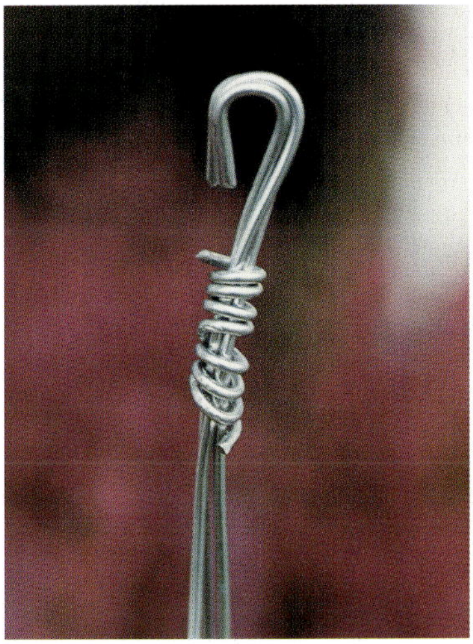

7

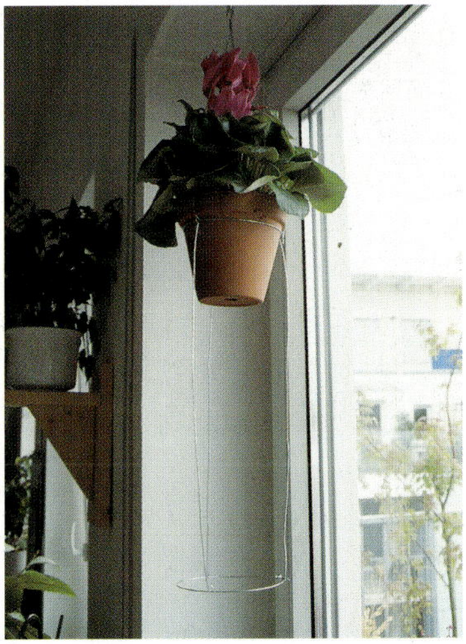

8

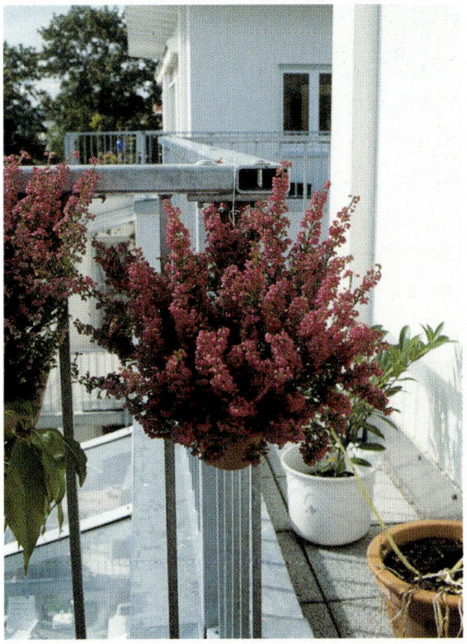

9

Wassergarten mit Holzverkleidung

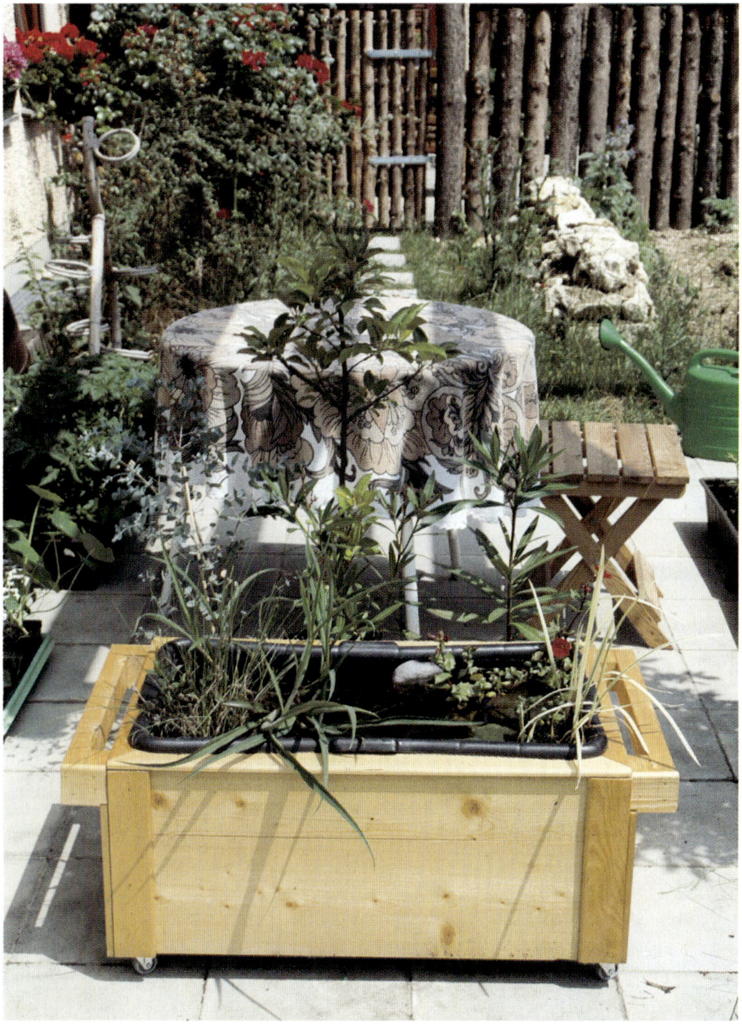

Ein kleiner Wassergarten passt gut auf die Terrasse

Material

Mörtelwanne, Bretter, Latten, Zierleisten, Schrauben, Nägel, Möbelrollen.

Werkzeug

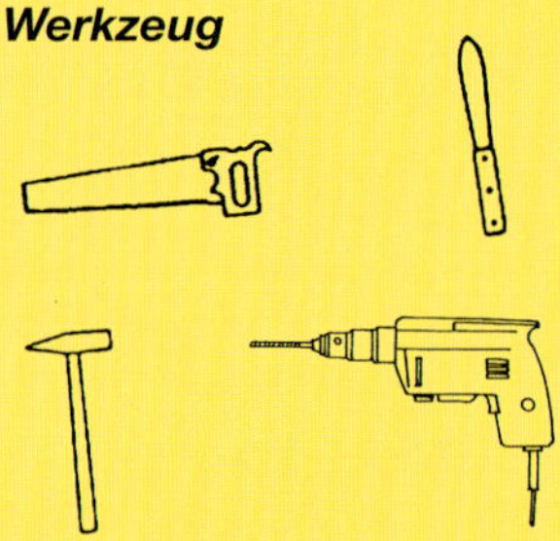

Schwierigkeitsgrad

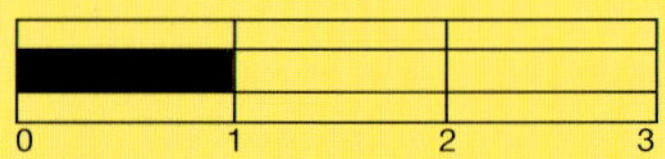

Kraftaufwand

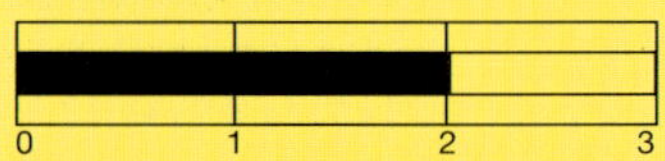

Arbeitszeit

Sie brauchen etwa 5 Stunden für den Zusammenbau eines Holzkastens.

Ersparnis

Durch Eigenleistung sind etwa 50 € zu sparen.

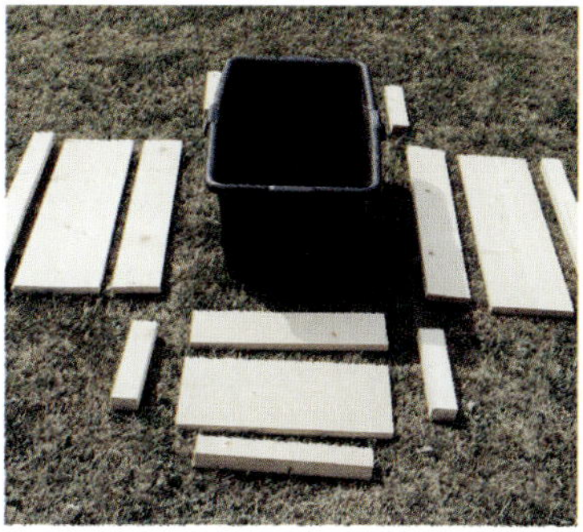

1

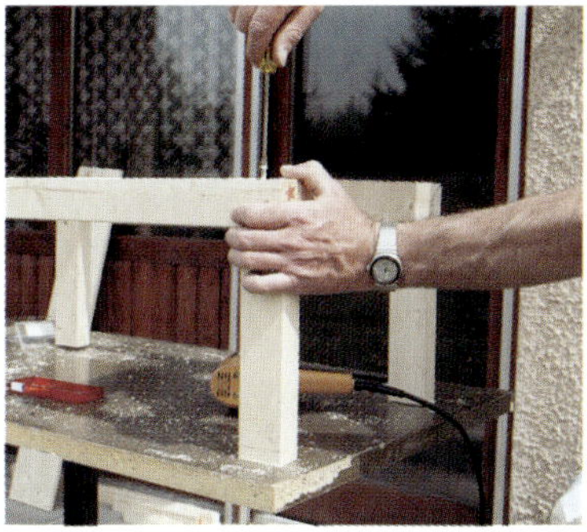

2

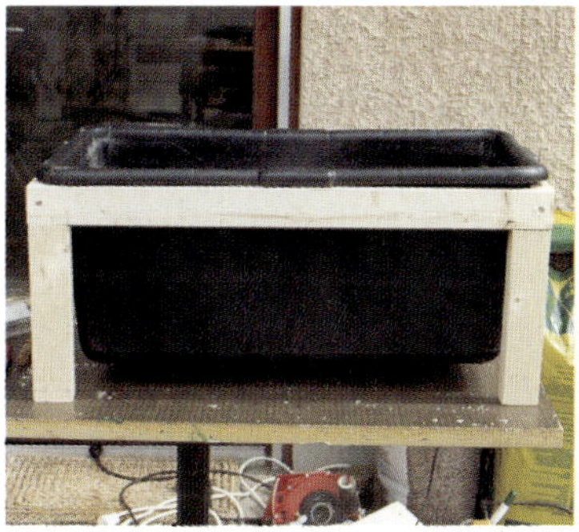

3

Wasserstellen sind in jedem Garten wertvolle Gestaltungselemente. Sie machen die Kultur spezieller Pflanzen möglich und verbessern das Kleinklima. Selbst auf Balkonen und Terrassen gelingt die Anlage kleiner **Wassergärten**. Dazu dienen Kübel und Kästen.

Es gibt viele Wasserpflanzen, die in flachem Wasser gedeihen. So können sogar Seerosen in Kübeln, Becken oder Wannen blühen. Leider sind alte Eichenholzfässer, die sich für Wassergärten besonders anbieten, selten zu bekommen.

Steintröge sind kaum transportierbar und auch zu schwer für den Balkon. Ideal sind voluminöse Kunststoffbehälter, die zudem preiswert in Baumärkten angeboten werden. Allerdings wirken diese schwarzen Kübel und Wannen nicht sehr dekorativ.

Jedes dieser Kunststoffgefäße lässt sich jedoch ansehnlicher gestalten, indem es einen Mantel aus Strohmatten oder eine rustikale **Holzverkleidung** erhält. Wenn zudem Rollen montiert werden, ist die Wanne sogar mobil. Der Wassergarten kann dann z. B. im Winter vom Balkon oder von der Terrasse ins Haus umquartiert werden – vorausgesetzt man hat die richtigen Wasserpflanzen gewählt, die im Sommer draußen und im Winter drinnen gedeihen.

Das Wasserpflanzensortiment lässt keine Wünsche offen. Es gibt Blüten- und Blattpflanzen, die im Freien und im Haus kultivierbar sind. Manche überdauern den Winter sogar schutzlos im Freien (z. B. Wasserhahnenfuß, Wasserschwertlilie, Sumpfdotterblume). Diese heimischen Pflanzen nehmen auch keinen Schaden, wenn die Wasserwanne völlig zufriert.

Andere brauchen die Sommerfrische und im Winter Wärme (z. B. Zyperngras, Wasserhyazinthe). Sie werden einfach mitsamt dem mobilen Wassergarten im Frühjahr auf die Terrasse gefahren und im Herbst wieder einquartiert.

Vor der Entscheidung für ein Gefäß ist das endgültige Gewicht zu beachten. Das gilt besonders, wenn der Wassergarten auf einem begrenzt belastbaren Balkon platziert

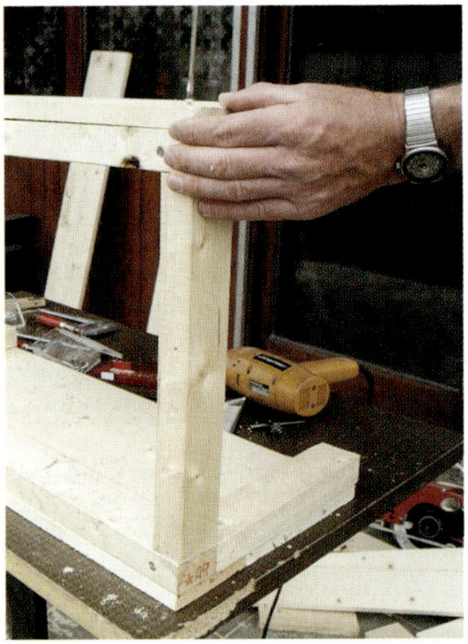
4

wird. Bei Verwendung einer 80-l-Wanne ist z. B. mit einem Gesamtgewicht von etwa 100 kg zu rechnen. Gewöhnlich trägt jeder Balkon mindestens 200 kg pro qm.

1 Für die Verkleidung einer **Mörtelwanne** genügen wenige Holzbauteile, die mithilfe einer Skizze auf das passende Maß zugeschnitten werden. Den Zuschnitt der Bretter und Latten erleichtert eine Handkreissäge.

2 Zunächst entsteht ein Rahmen aus Latten. Einfacher als mit einem Handschraubendreher gelingt der Zusammenbau mit einem Bohrschrauber. Vorbohren verhindert das Aussplittern des Holzes. Genauso gut können die Latten auch mit Holzdübeln montiert werden.

3 Zu beachten ist, dass der Rahmen der Mörtelwanne angemessen wird. Der Kunststoffbehälter muss genau sitzen und darf keine Bodenberührung haben.

4/5 Nach der Fertigstellung des Holzlattenrahmens kann die Verkleidung der Seitenwände mit den Brettern erfolgen. Auch das geht leichter mit einem Bohrschrauber von der Hand. Wer auf den Kunststoffeinsatz verzichten möchte, kann auf dieselbe Art einen geschlossenen Kasten mit Boden bauen. Ein Holzkasten eignet sich beispielsweise für die Bepflanzung mit Sommerblumen.

6 Für eine Wasserstelle ist ein Kunststoffeinsatz nötig. Das kann eine Auskleidung mit **Teichfolie** sein oder die stabile Mörtelwanne, die hier zur Probe noch einmal eingesetzt wird.

7 Die Versteifungen, die zur Stabilisierung der Krempe dienen, lassen sich mit einem scharfen Mes-

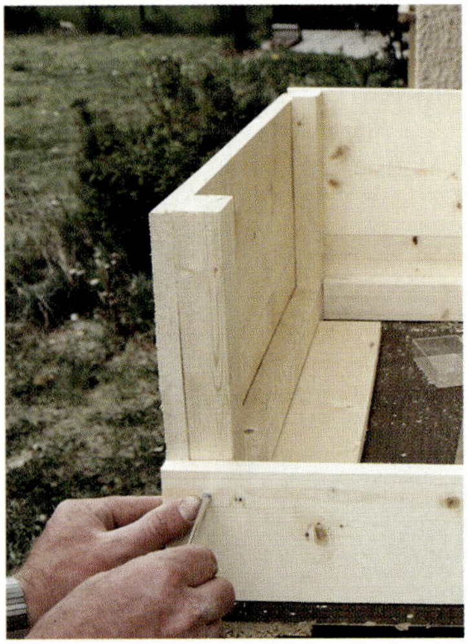
5

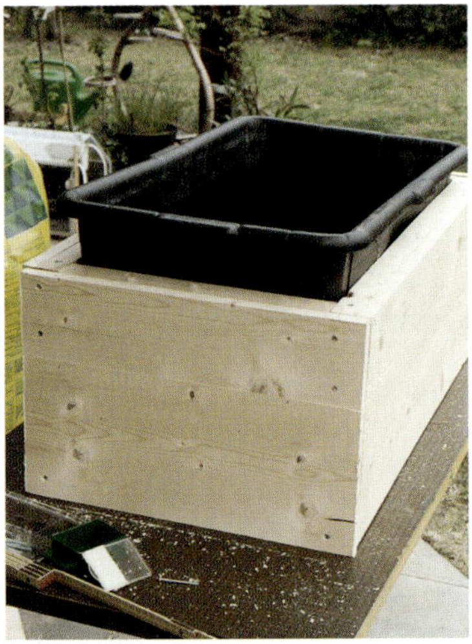
6

ser bündig abschneiden. Das ist nötig, damit die Wanne lückenlos im Holzrahmen sitzt.

8 Nach dem Fertigen des Kastens kann der weitere Ausbau erfolgen. Zwei Griffe an den Stirnseiten erleichtern später den Transport. Dafür genügen kurze Latten, die auf durchbohrten Holzklötzchen befestigt werden. Die Schrauben müssen ausreichend tief in den Lattenrahmen reichen.

9 Winkelleisten aus Holz verdecken die sägerauen Kanten. Zum Befestigen genügen kurze Edelstahlstifte. Genauso eignen sich Aluwinkel, die mit Schrauben montiert werden.

10 Zum Abdecken des Lattenrahmens dienen breite Holzleisten, die als Meterware in verschiedenen Größen in Baumärkten zu bekommen sind. Das Abtrennen auf das passende Maß ist mit einer Feinsäge möglich. Eine Gehrungslade erleichtert den Zuschnitt der Leisten im 45°-Winkel.

11 Nach dem Zusammenbau und dem Einsetzen der Kunststoffwanne steht der Kasten zum Befüllen

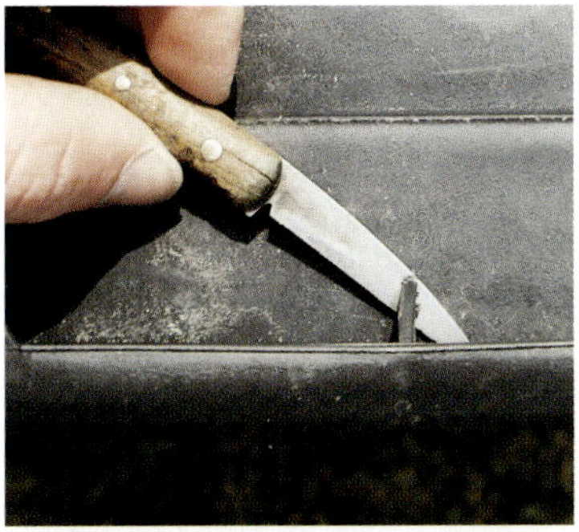
7

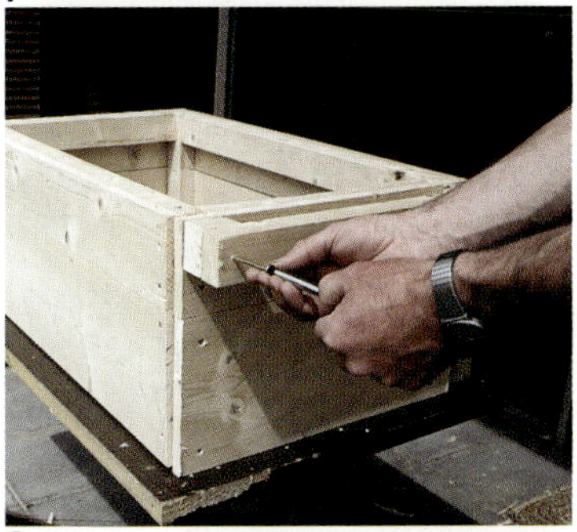
8

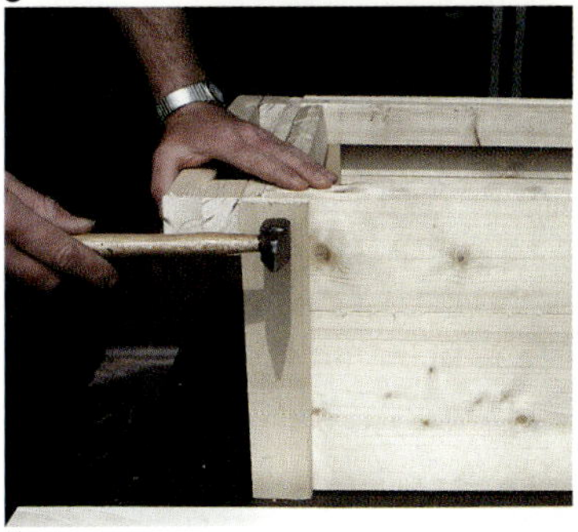
9

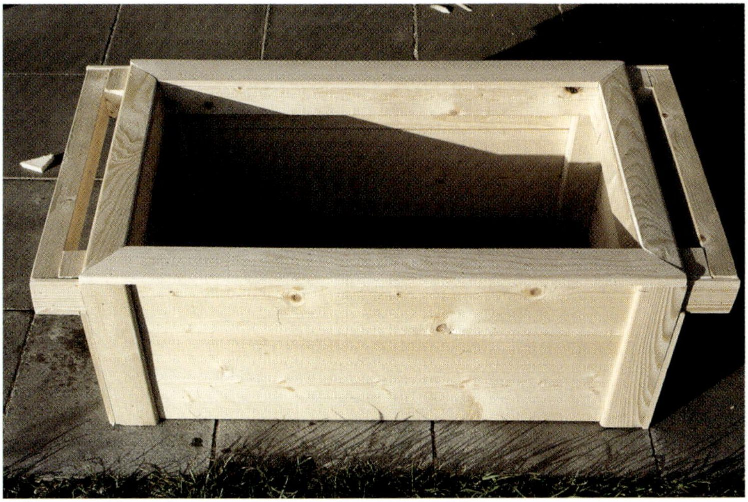
10

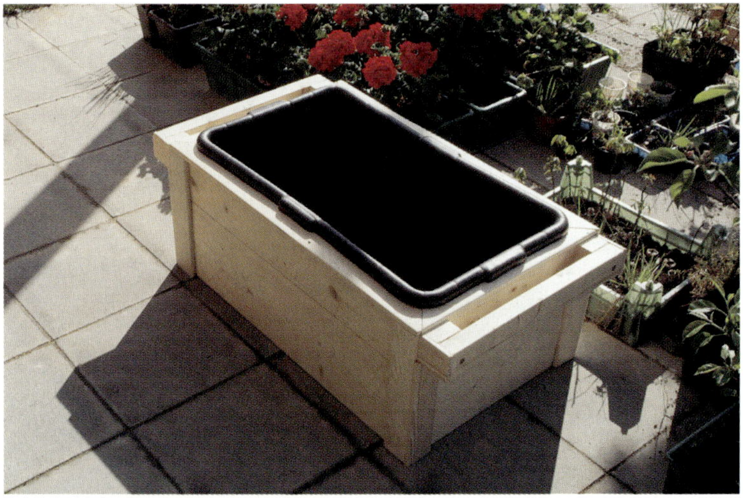

11

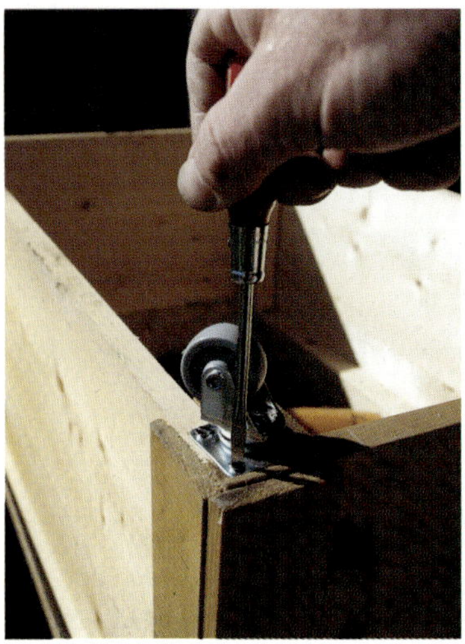

12

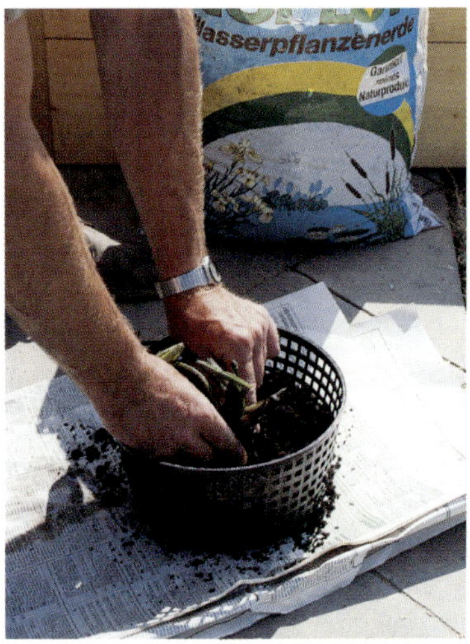

13

bereit. Er kann natürlich statt mit Wasserpflanzen auch mit Sommerblumen oder Kübelpflanzen ausgestattet werden. Dann braucht die Kunststoffwanne aber **Wasserabzugslöcher**.

12 Das Umstellen auf der Terrasse oder von draußen nach drinnen erleichtern Möbelrollen, die vor dem Befüllen am Rahmen festgeschraubt werden. Hierfür sind kugelgelagerte Rollen mit hoher Belastbarkeit nötig.

13 Wasserpflanzen lassen sich direkt in die Mörtelwanne einsetzen, wenn der Boden mit Sand oder Kies bedeckt wird. Ebenso ist die Pflanzung in speziellen **Gittertöpfen** möglich.

Der fertige Miniteich sieht schon nach der Bepflanzung recht dekorativ aus. Wenn hohe Wasserpflanzen wie Schilf oder Rohrkolben eingesetzt werden, kann er als Sichtschutz dienen. Die Wasserstelle wird im Sommer gerne von Singvögeln aufgesucht, die an heißen Tagen ihren Durst stillen. Außer dem Nachfüllen von verdunstetem Wasser und dem Abfischen von Algen ist keine besondere Pflege nötig.

Pflanzgefäße bestücken

Material
Weidenkorb, Kunststofffaservlies, Blähton, Erdsubstrat, ausgewählte Pflanzen.

Werkzeug

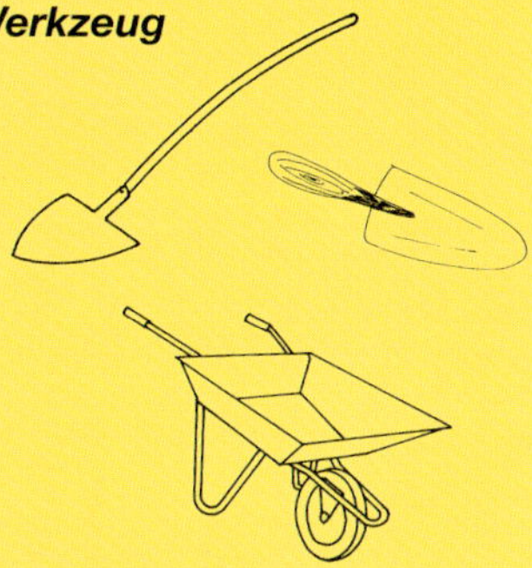

Schwierigkeitsgrad

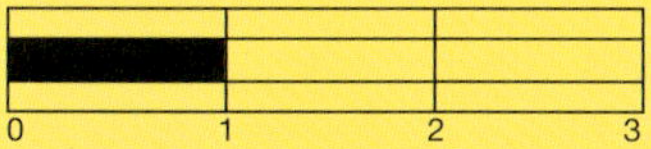

Kraftaufwand

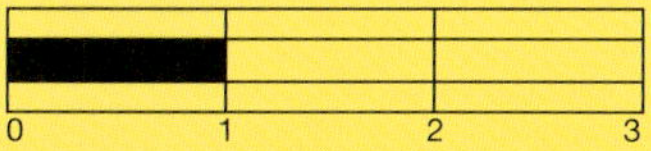

Arbeitszeit
Sie brauchen etwa eine halbe Stunde zum Bepflanzen eines Weidenkorbs.

Ersparnis
Durch Eigenleistung sind etwa 50 € zu sparen.

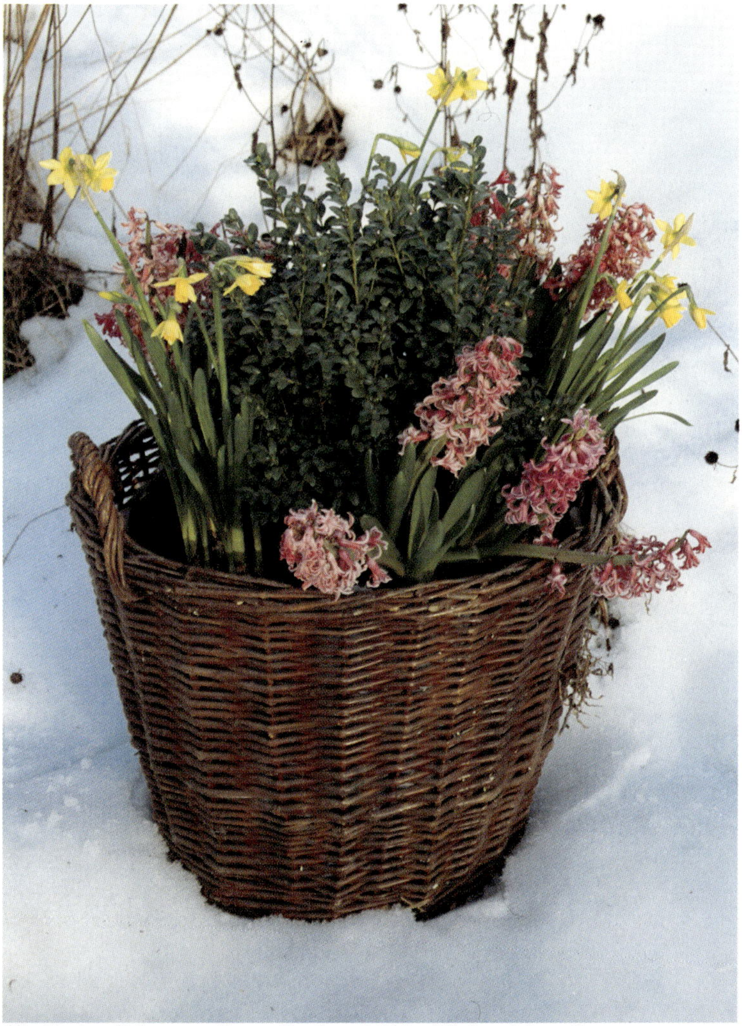

Ein Korb mit immergrünem Buchs wirkt im Winter dekorativ

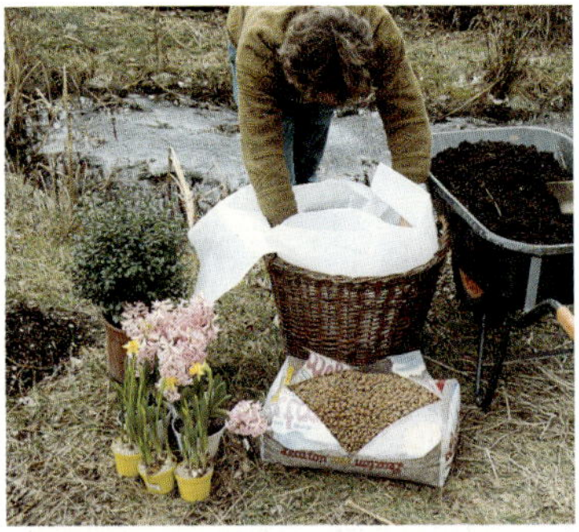
1

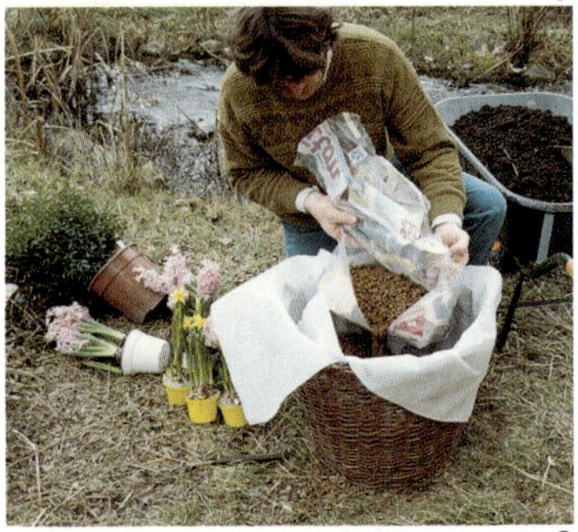
2

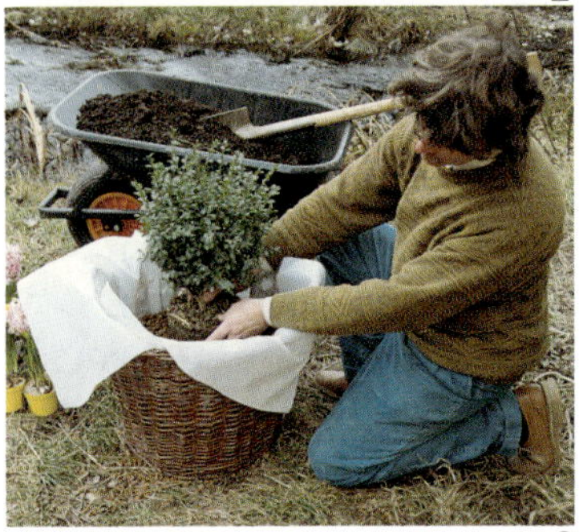
3

Das Flechten eines gewöhnlichen **Weidenkorbes** lohnt sich kaum, da schöne Produkte preiswert im Handel zu bekommen sind. Solche Kartoffel- oder Obstkörbe eignen sich gut als Pflanzgefäße, wenn sie richtig bestückt werden.

Das verholzte Flechtwerk hält dem Wetter und der feuchten Erde einige Jahre stand und ist, wenn es morsch wird, mit wenigen Handgriffen wieder durch einen neuen Korb ersetzt.

Für einen Frühjahrskorb fällt die Wahl auf einen Buchsbaum. Dieser bleibt erhalten, wenn die Zwiebelblumen verblüht sind. Dazu gesellen sich Narzissen und Hyazinthen, die man als vorgetriebene Topfpflanzen kaufen kann.

Blähtongranulat wird als **Drainagematerial** verwendet; ein Pflanzsubstrat bietet den Gewächsen den nötigen Wurzelraum.

1 Der Korb hält länger, wenn er vor der Erde geschützt wird. Das ist durch das Auskleiden mit einem **Kunststofffaservlies** möglich. Solche luft- und wasserdurchlässigen Gewebe gibt es überall in den Gartenmärkten. Geeignet sind sowohl gewöhnliche Teichvliese als auch Schutzvliese für Gemüsebeete. Die Acrylgewebe sind verrottungsfest.

2 Eine Schicht **Blähton**, die etwa eine Hand breit den Boden bedeckt, begünstigt den Ablauf von überschüssigem Regenwasser.

Dieses luftige und beständige Material lässt sich auch für eigene Substratmischungen nutzen. Dazu dienen gute Gartenerde, reifer Kompost, Sand und Blähton zu einem Anteil von jeweils einem Viertel.

3 Die Bepflanzung richtet sich nach der Korbgröße. Ein gewöhnlicher Kartoffelkorb nimmt neben einem Buchsbaum einige Zwiebelblüher auf. Genauso sind andere Arrangements etwa aus Sommerblumen und Kräutern oder aus einem Hochstämmchen und mehreren Ampelpflanzen möglich.

4 Immergrüne Gehölze wie der Buchs sowie früh blühende Zwiebelpflanzen vertragen auch als Kübelpflanzen geringen Frost. Solche Arrangements können schon im Herbst gestaltet und beispielsweise auf dem Balkon oder der Terrasse platziert werden.

5 Küchenkräuter wie Minze, Petersilie und andere Arten sind recht genügsame Gewächse. Diese ausdauernden Stauden kommen gut in Pflanzgefäßen zurecht.

Als solches kann ein gewöhnliches Tonrohr umfunktioniert werden, indem es seitliche Pflanzöffnungen erhält. Das gelingt mit einem Steinbohrkranz, der in die Bohrmaschine eingespannt wird.

6 Selbst ausgediente Lebensmittelbehälter wie diese Kunststofffässer eignen sich zur Bepflanzung. Überhängende Erdbeeren, die in seitliche Öffnungen eingesetzt werden, bilden mit der Zeit einen dichten Bewuchs, der auch blüht und fruchtet.

7 Die einfachste Art der Gestaltung hässlicher Mörtelkübel oder anderer bereits bepflanzter Gefäße besteht darin, sie mit **Schilfrohrmatten** oder auch mit Stoff zu ummanteln. Dazu dient vorzugsweise ein verrottungsfestes Acrylgewebe. Solche Materialien für Balkonbespannungen sind als Meterware erhältlich. Sie bieten auch einen gewissen Frostschutz. Zur Bepflanzung eignen sich z. B. Lavendelstämmchen.

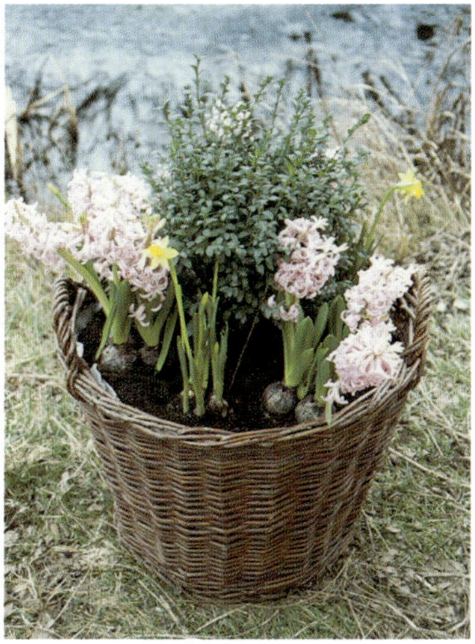

4

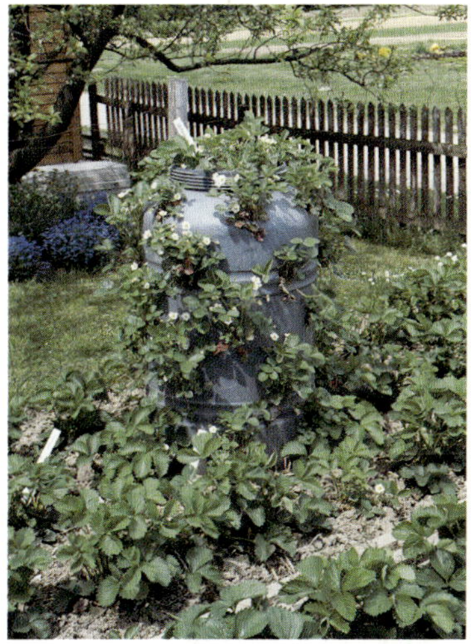

6

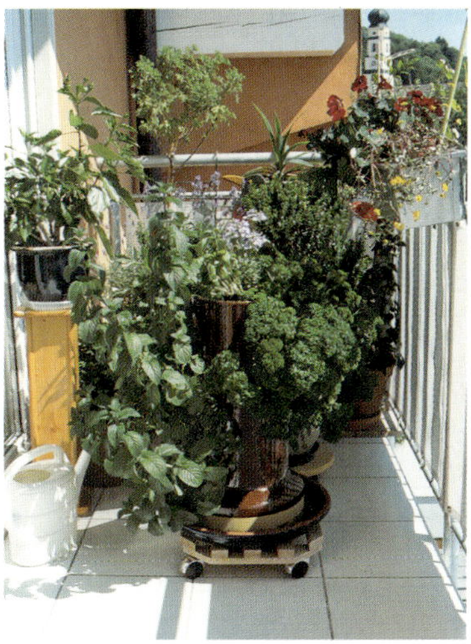

5

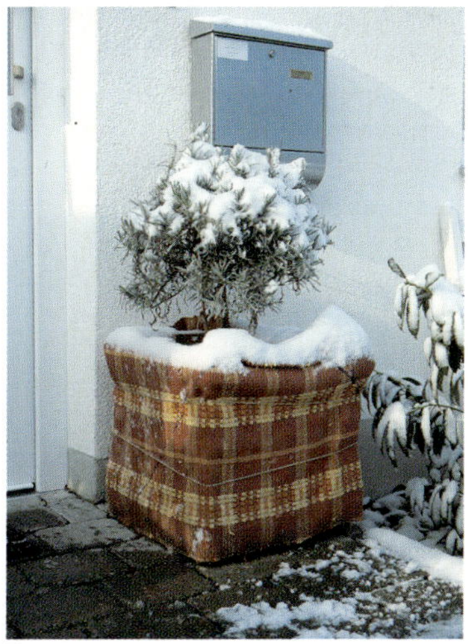

7

Wo finde ich was?